现代工程造价管理与创新研究

王春雷　于　杰　刘彩霞◎著

吉林科学技术出版社

图书在版编目（CIP）数据

现代工程造价管理与创新研究 / 王春雷，于杰，刘
彩霞著. -- 长春：吉林科学技术出版社，2022.11
　　ISBN 978-7-5744-0026-9

　　Ⅰ．①现… Ⅱ．①王… ②于… ③刘… Ⅲ．①工程造
价—研究 Ⅳ．①F285

中国版本图书馆 CIP 数据核字（2022）第 233340 号

现代工程造价管理与创新研究
XIANDAI GONGCHENG ZAOJIA GUANLI YU CHUANGXIN YANJIU

作　　者	王春雷　于　杰　刘彩霞
出 版 人	宛　霞
责任编辑	安雅宁
幅面尺寸	185 mm×260mm
开　　本	16
字　　数	275 千字
印　　张	12.25
版　　次	2024 年 7 月第 1 版
印　　次	2024 年 7 月第 1 次印刷

出　　版　吉林科学技术出版社
发　　行　吉林科学技术出版社
地　　址　长春市净月区福祉大路 5788 号
邮　　编　130118
发行部电话/传真　0431-81629529　81629530　81629531
　　　　　　　　　81629532　81629533　81629534

储运部电话　0431-86059116

编辑部电话　0431-81629518

印　　刷　北京四海锦诚印刷技术有限公司

书　　号　ISBN 978-7-5744-0026-9
定　　价　60.00 元

前　言

　　工程项目与造价管理问题因其直接影响到施工企业的经济效益，而受到人们的高度重视。建筑工程项目管理是建筑工程项目建设施工质量、施工安全以及施工进度控制的主要措施，是建筑施工企业与建设单位能够获得良好经济效益和社会名誉的基础和关键所在。在市场经济环境下，施工企业加强工程造价控制与管理具有重要的意义，一方面是施工企业持续发展的要求，另一方面也是推动建筑行业发展的要求。工程造价控制与管理是一项庞大的、涉及面广的系统工程，它集技术、经济、管理于一体，并贯穿于项目的决策、设计、施工、启用等环节，对建设项目的成败起着关键性作用。

　　随着现代社会经济的发展和物质文化生活水平的提高，人们一方面对工程项目的功能和质量要求越来越高，另一方面又期望工程项目建设投资尽可能少、效益尽可能好。基于此，本书主要研究新时期工程造价管理探索与创新，以工程造价的合理确定和有效控制为目标，全面系统地介绍了工程造价管理的概论、工程造价费用的构成，以及投资决策阶段、招投标阶段、施工阶段、竣工验收阶段的工程造价管理。建筑行业快速发展，工程造价管理始终贯穿于建筑行业，探索及有效分析新时期工程造价的实际问题，创新管理制度及体系，对促进建筑行业项目的高效运作、避免资源浪费、科学合理投入具有重要意义，也希望通过本书能够给从事相关行业的读者带来一些有益的参考和借鉴。

　　本书在撰写过程中引用了大量相关专业文献和资料，在此向相关文献的作者表示诚挚的感谢。由于作者水平有限，加之时间仓促，书中难免有错误和不足之处，诚恳地希望专家、学者及广大读者批评指正。

目　录

第一章 工程造价管理概论

第一节 建设项目管理概述

一、建设项目的划分与分类

（一）建设项目的划分

1. 建设项目

建设项目是指具有完整的计划任务书和总体设计，并能进行施工，行政上有独立的组织形式，经济上实行统一核算的建设工程。一个建设项目可由几个单项工程或一个单项工程组成。在生产性建设项目中，一般是以一个企业或一个联合企业为建设项目；在非生产性建设项目中，一般是以一个事业单位为建设项目，如一所学校；也有以经营性质为建设项目，如宾馆、饭店等。

2. 单项工程

单项工程又称工程项目，是建设项目的组成部分。一个建设项目，可以是一个单项工程，也可能包括多个单项工程。所谓单项工程是具有独立的设计文件，竣工后可以独立发挥生产能力或效益的工程。例如，新建一个钢铁厂，这一建设项目可按主要生产车间、辅助生产车间、办公室、宿舍等分为若干单项工程。单项工程是一个复杂的综合体，按其构成可分为建筑工程，设备及其安装工程，工具、器具及生产用具的购置等。

3. 单位工程

单位工程是指具有独立的设计文件，能单独施工，并可以单独作为经济核算对象的工程，单位工程是单项工程的组成部分。单位工程一般划分为建筑工程、设备及其安装工程。

（1）建筑工程

根据其中各组成成分的性质、作用再分为若干单位工程：①一般土建工程，包括房屋及构筑物的各种结构工程和装饰工程；②卫生工程，包括室内外给排水管道、采暖、通风及民用煤气管道工程等；③工业管道工程，包括蒸汽、压缩空气、煤气、输油管道工程等；④特殊构筑物工程，包括各种设备基础、高炉、烟囱、桥梁、涵洞工程等；⑤电气照明工程，包括室内外照明、线路架设、变电与配电设备安装等。

（2）设备及其安装工程

设备购置与安装工程，两者有着密切的联系。因此，在工程预算上把两者结合起来，组成为设备及其安装工程，其中又可分为：

①机械设备及其安装工程，包括工艺设备、起重运输设备、动力设备等的购置及其安装工程；②电气设备及其安装工程，包括传动电气设备、吊车电气设备、起重控制设备等的购置及其安装工程。

4.分部工程

分部工程是单位工程的组成部分，应按专业性质、建筑部位确定。如一个单位工程中的土建工程可以分为土石方工程、砖石工程、脚手架工程、钢筋混凝土工程、楼地面工程、屋面工程及装饰工程等，而其中的每一个部分就是一个分部工程。当分部工程较大或较复杂时，可按材料种类、施工特点、施工程序、专业系统及类别等将其划分为若干子分部工程。

5.分项工程

分项工程是指按照不同的施工方法、建筑材料、设备不同的规格等，将分部工程做进一步细分的工程。分项工程是建筑工程的基本构造要素，是分部工程的组成部分，如土石方分部工程，可以分为人工挖土方、机械挖土方、运土方、回填土方等分项工程。

（二）建设项目的分类

1.建设项目按其用途不同分类

（1）生产性建设项目

生产性建设项目是指直接用于物资（产品）生产或满足物质（产品）生产所需要的建设项目，主要包括以下的建设项目：①工业建设；②建筑业建设；③农林水利气象建设；④邮电运输建设；⑤商业和物资供应建设；⑥地质资源勘探建设。

（2）非生产性建设项目

非生产性建设项目一般是指满足人民物质和文化生活所需要的建设项目，主要包括以下建设项目：①住宅建设；②文教卫生建设；③科学实验研究建设；④公用事业建设；

⑤其他建设。

2. 建设项目按其性质不同分类

（1）新建项目

新建项目是指从无到有新开始建设的项目。有的建设项目原有规模较小，经重新进行总体设计，扩大建设规模后，其新增加的固定资产价值超过原有固定资产价值三倍以上的，亦属于新建项目。

（2）扩建项目

扩建项目是指原企事业单位为了扩大原有产品的生产能力和效益，或增加新的产品生产能力和效益而扩建的生产车间、生产线或其他工程。

（3）改建项目

改建项目是指原企事业单位，为了提高生产效率、改进产品质量或改变产品方向，对原有设备、工艺流程进行改造的建设项目。为了提高综合生产能力，增加一些附属和辅助车间或非生产性工程，亦属于改建项目。

（4）恢复项目

恢复项目是指企事业单位的固定资产因自然灾害、战争、人为灾害等原因部分或全部被破坏报废，而后又重新投资恢复的建设项目。不论是按原来的规模恢复建设，还是在恢复的同时进行扩充建设的部分，均属于恢复项目。

（5）迁建项目

迁建项目是指企事业单位，由于各种原因将建设工程迁到另一地方的建设项目。不论其建设规模是否维持原来的建设规模，均属于迁建项目。

3. 建设项目按规模不同分类

依据建设项目规模或投资的大小，可把建设项目划分为大型建设项目、中型建设项目和小型建设项目。对于工业建设项目和非工业建设项目的大、中、小型划分标准，国家各相关部门都有明确的规定。一个建设项目，只能属于大、中、小型其中的一类。大、中型建设项目一般都是国家的重点骨干工程，对国民经济的发展具有重大意义。

生产产品单一的工业企业，其建设规模一般按产品的设计能力划分。如钢铁联合企业，年生产钢量在 100 万吨以上的为大型建设项目；10 万～ 100 万吨为中型建设项目；10 万吨以下为小型建设项目。生产产品多种的工业企业，按其主要产品的设计能力进行划分，产品种类繁多，难以按生产能力划分的，则按全部建设投资额的大小进行划分。

4. 按项目的投资效益分类

建设项目按投资效益可分为竞争性项目、基础性项目和公益性项目。

5. 按项目的投资来源分类

建设项目按投资来源可分为政府投资项目和非政府投资项目。按照其盈利性不同，政府投资项目又可分为经营性政府投资项目和非经营性政府投资项目。

二、建设项目建设程序

（一）建设项目建设程序概念

建设项目建设程序是指工程项目从策划、评估、决策、设计、施工到竣工验收、投入生产或交付使用的整个建设过程中，各项工作必须遵循的先后工作次序。建设项目建设程序是工程建设过程客观规律的反映，是建设项目科学决策和顺利进行的重要保证。按照建设项目发展的内在联系和发展过程，建设程序分成若干阶段，这些发展阶段有严格的先后次序，不能任意颠倒。

（二）建设程序阶段划分

依据建设程序一般分为以下阶段：

1. 项目建议书阶段

项目建议书是业主向国家提出的要求建设某一具体项目的建议文件，项目建议书一经批准后即为立项，立项后可进行可行性研究。

2. 可行性研究阶段

可行性研究是对建设工程项目技术上是否可行和经济上是否合理而进行的科学分析和论证，可行性研究报告一经批准后即形成项目投资决策。

3. 建设地点选择阶段

如选工厂厂址主要考虑三大问题：一是资源、原材料是否落实可靠；二是工程地质和水文地质等建厂的自然条件是否可靠；三是交通运输、燃料动力等建厂的外部条件是否具备，经济上是否合理。

4. 初步设计阶段

初步设计是为了阐明在指定地点、时间和投资限额内，拟建项目技术上的可行性和经济上的合理性。

5. 施工图设计阶段

施工图设计是在初步设计基础上完整地表现建筑物外形、内部空间尺寸、结构等，还包括通信、管道系统设计等。

6. 建设准备阶段

初步设计经批准以后，进行施工图设计并做好施工前的各项准备工作。

7. 工程实施阶段

在开工报告和建设年度计划得到批准后，即可组织施工。

8. 生产准备阶段

根据工程进度，做好生产准备工作。

9. 竣工验收阶段

项目按批准的设计内容完成，经投料试车合格后，正式验收，交付生产使用。验收前，建设单位要组织设计、施工等单位进行初检，提出竣工报告，整理技术资料，分类立卷，移交建设单位保存。

10. 后评价阶段

总结项目建设成功或失误的经验教训，供以后的项目决策借鉴；同时，也可为决策和建设中的各种失误找出原因，明确责任；还可对项目投入生产或使用后还存在的问题，提出解决办法、弥补项目决策和建设中的缺陷。

以上程序可由项目审批主管部门视项目建设条件、投资规模做适当调整。

第二节　工程造价管理理论概述

一、工程造价管理的概念

工程造价管理是指在建设项目的建设中，全过程、全方位、多层次地运用技术、经济及法律等手段，通过对建设项目工程造价的预测、优化、控制、分析、监督等，以获得资源的最优配置和建设工程项目最大的投资效益。

工程造价管理有两种含义：一是指建设工程投资费用管理；二是指工程价格管理。

（一）建设工程投资费用管理

建设工程的投资费用管理，属于投资管理范畴。管理是为了实现一定的目标而进行的计划、组织、协调、控制等系统活动。建设工程投资管理，就是为了达到预期的效果对建设工程的投资行为进行计划、组织、协调与控制。这种含义的管理侧重于投资费用的管理，而不是侧重于工程建设的技术方面。建设工程投资费用管理的含义是为了实现投资的预期目标，在拟订的规划、设计方案的条件下，预测、计算、确定和监控工程造价及其变动的系统活动。这一含义既涵盖了微观的项目投资费用的管理，也涵盖了宏观层次的投资费用的管理。

（二）工程价格管理

工程价格管理是属于价格管理范畴。在社会主义市场经济条件下，价格管理分两个层次。在微观层次上是生产企业在掌握市场价格信息的基础上，为实现管理目标而进行的成本控制、计价、定价和竞价的系统活动。它反映了微观主体按支配价格运动的经济规律，对商品价格进行能动的计划、预测、监控和调整，并接受价格对生产的调节。在宏观层次上是政府根据社会经济发展的要求，利用法律手段、经济手段和行政手段对价格进行管理和调控，以及通过市场管理规范市场主体价格行为的系统活动。工程建设关系国计民生，同时政府投资的公共项目仍然有相当份额，所以国家对工程造价的管理，不仅承担一般商品价格的调控职能，而且在政府投资项目上也承担着微观主体的管理职能。这种双重角色的双重管理职能，是工程造价管理的一大特色。区分两种管理职能，进而制定不同的管理目标，采用不同的管理方法是建设工程造价管理的本质所在。

二、工程造价管理的含义

工程造价管理是指以建设项目为研究对象，综合运用工程技术、经济、法律法规、管理等方面的知识与技能，以效益为目标，对工程造价进行控制和确定的学科，是一门与技术、经济、管理相结合的交叉而独立的学科。

（一）工程造价管理的含义

工程造价有两种含义，与之相对应的工程造价管理也是指两种意义上的管理，一是宏观的建设项目投资费用管理；二是微观的工程价格管理。

1. 宏观的工程造价管理

宏观的工程造价管理是指政府部门根据社会经济发展的实际需要，利用法律、经济和行政等手段，规范市场主体的价格行为，监控工程造价的系统活动。

具体来说，就是针对建设项目的建设中，全过程、全方位、多层次地运用技术、经济及法律等手段，通过对建设项目工程造价的预测、优化、控制、分析、监督等，以获得资源的最优配置和建设项目最大的投资效益。从这个意义上讲，工程造价管理是建筑市场管理的重要组成部分和核心内容，它与工程招投标、质量、施工安全有着密切关系，是保证工程质量和安全生产的前提和保障。

2. 微观的工程造价管理

微观的工程造价管理是指工程参建主体根据工程有关计价依据和市场价格信息等预

测、计划、控制、核算工程造价的系统活动。

具体来说，就是指从货币形态来研究完成一定建筑安装产品的费用构成以及如何运用各种经济规律和科学方法，对建设项目的立项、筹建、设计、施工、竣工交付使用的全过程的工程造价进行合理确定和有效控制。

（二）工程造价管理两种含义的关系

工程造价管理的两种含义既是一个统一体，又是相互区别的，主要的区别包括以下两点：

1. 管理性质不同

宏观的工程造价管理属于投资管理范畴，微观的工程造价管理属于价格管理范畴。

2. 管理目标不同

作为项目投资费用管理，在进行项目决策和实施过程中，追求的是决策的正确性，关注的是项目功能、工程质量、投资费用、能否按期或提前交付使用。作为工程价格管理，关注的是工程的利润成本，追求的是较高的工程造价和实际利润。

三、工程造价管理的范围

（一）全过程造价管理

全过程造价管理是指对于基本建设程序中规定的各个阶段实施的造价管理，主要内容包括：决策阶段的项目策划、投融资方案分析、投资估算以及经济评价；设计阶段的方案比选、限额设计以及概预算编制；建设准备阶段的发承包模式及合同形式的选择、招标控制价和投标报价的编制；施工阶段的工程计量、工程变更控制与索赔管理、工程结算；竣工验收阶段的竣工决算。

全过程造价管理是通过对建设项目的决策阶段、设计阶段、施工阶段和竣工验收阶段的造价管理，将工程造价发生额控制在预期的限额之内，即投资估算控制设计概算，设计概算控制施工图预算，施工图预算控制工程结算，并对各阶段产生的造价偏差进行及时的纠正，以确保工程项目投资目标的顺利实现。

（二）全要素造价管理

全要素造价管理是指对于项目基本建设过程中的主要影响因素进行集成管理，主要内容包括对建设项目的建造成本、工期成本、质量成本、环境与安全成本的管理。

工程的工期、质量、造价、安全是保证建设项目顺利完成、达到项目管理目标的重要因素。而工程的质量、工期、安全对工程项目的造价也有着显著的影响，如保证或合理缩短工期、严格控制质量和安全，可以有效节约建造成本，达到项目的投资目标，因此，要实现全要素的造价管理，就要对各个要素的造价影响情况、影响程度以及影响的发展趋势进行分析预测，协调和平衡这些要素与造价之间的对立统一关系，以保证造价影响要素的有效控制。

（三）全风险造价管理

全风险造价管理是指对于各个建设阶段中影响造价的不确定性因素集合，增强主观防范风险意识，客观分析预见各种可能发生的风险，提前做好风险的预案评估，及时处理所发生的风险，并采取各种措施减低风险所造成的损失。主要内容包括：风险的识别、风险的评估、风险的处理以及风险的监控。

由于项目风险并不是一成不变的，最初识别并确定的风险事件及风险性造价可能会随着实施条件的变化而变化，因此，当项目的环境与条件发生急剧变化以后，需要进一步识别项目的新风险，并对风险性造价进行确定，这项工作需要反复进行多次，直至项目结束为止。

（四）全团队造价管理

全团队造价管理是指建设项目的参建各方均应对于工程实施有效的造价管理，即工程造价管理是政府建设主管部门、行业协会、建设单位、监理单位、设计单位、施工单位以及工程咨询机构的共同任务，又可称为全方位造价管理。

全团队造价管理主要是通过工程参建各方，如业主、监理方、设计方、施工方以及材料设备供应商等利益主体之间形成的合作关系，做到共同获利，实现双赢。要求各个利益集团的人员进行及时的信息交流，加强各个阶段的协作配合，才能最终实现有效控制工程造价的目标。

综上所述，在工程造价管理的范围中，全过程、全要素、全风险造价管理是从技术层面上开展的全面造价管理工作，全团队造价管理是从组织层面上对所有项目团队的成员进行管理的方法，为技术方面的实施提供了组织保障。

四、工程造价管理的内容

工程造价管理的核心内容就是合理确定和有效控制工程造价，二者存在着相互依存、相互制约的辩证关系。工程造价的确定是工程造价控制的基础和载体，工程造价的控制贯穿于工程造价确定的全过程，只有通过建设各个阶段的层层控制才能最终合理地确定造价，确定和控制工程造价的最终目标是一致的，二者相辅相成。

（一）合理确定工程造价

合理确定工程造价是指在建设过程的各个阶段，合理进行工程计价，也就是在基本建设程序各个阶段，合理确定投资估算、设计概算、施工图预算、施工预算、工程结算和竣工决算造价。

1. 决策阶段合理确定投资估算价

投资估算的编制阶段是项目建议书及可行性研究阶段，编制单位是工程咨询单位，编制依据主要是投资估算指标。其作用是：在基本建设前期，建设单位向国家申请拟立建设项目或国家对拟立项目进行决策时，确定建设项目的相应投资总额而编制的经济文件，投资估算是作为资金筹措和申请贷款的主要依据。

2. 设计阶段合理确定设计概算价

设计概算的编制阶段是设计阶段，编制单位是设计单位，编制依据主要是：初步设计图纸，概算定额或概算指标、各项费用定额或取费标准。其作用是：确定建设项目从筹建到竣工验收、交付使用的全部建设费用的文件；根据设计总概算确定的投资数额，经主管部门审批后，就成为该项工程基本建设投资的最高限额。

3. 建设准备阶段合理确定施工图预算价

施工图预算的编制阶段是施工图设计完成后的建设准备阶段，编制单位是施工单位，编制依据主要是：施工图纸、施工组织设计和国家规定的现行工程预算定额、单位估价表及各项费用的取费标准、建筑材料预算价格、建设地区的自然和技术经济条件等资料。其作用是：由施工图预算可以确定招标控制价、投标报价和承包合同价；施工图预算是编制施工组织设计、进行成本核算的依据，也是拨付工程款和办理竣工结算的依据。

4. 施工阶段合理确定施工预算价

施工预算的编制阶段是施工阶段，编制单位是施工项目经理部或施工队，编制依据主要是：施工图、施工定额（包括劳动定额、材料和机械台班消耗定额）、单位工程施工组织设计或分部（项）工程施工过程设计和降低工程成本技术组织措施等资料。其作用是：施工企业内部编制施工、材料、劳动力等计划和限额领料的依据，同时也是考核单位用工、进行经济核算的依据。

5. 竣工验收阶段合理确定工程结算价和竣工决算价

工程结算的编制阶段是在工程项目建设的收尾阶段，编制单位是施工单位，编制依据主要是：施工过程中现场实际情况的记录、设计变更通知书、现场工程更改签证、预算定额、材料预算价格和各项费用标准等资料。其作用是：向建设单位办理结算工程价款，取得收入，用以补偿施工过程中的资金耗费，确定施工盈亏的经济文件。工程结算价是该结算工程的实际建造价格。

竣工决算的编制阶段是在竣工验收阶段，是建设项目完工后，建设单位编制的建设项目从筹建到建成投产或使用的全部实际成本的技术经济文件。它反映了工程项目建成后交付使用的固定资产及流动资金的详细情况和实际价值，是建设项目的实际投资总额。

（二）有效控制工程造价

有效控制工程造价就是在优化建设方案、设计方案的基础上，在基本建设程序的各个阶段，采用一定的科学有效的方法和措施把工程造价所发生的费用控制在核定的造价限额合理范围以内，随时纠正其发生的偏差，以保证工程造价管理目标的实现。

1. 工程造价的有效控制过程

工程造价的有效控制是指每一个阶段的造价额都在其上一个阶段造价额的控制范围内，以投资估算控制设计概算，设计概算控制施工图预算，施工图预算控制工程结算，反之，即为"三超现象"，是工程造价管理的失控现象。

2. 工程造价的有效控制原则

工程造价的有效控制应遵循如下原则。

（1）工程建设全过程造价控制应以设计阶段为重点

工程造价控制关键在于投资决策和设计阶段，在项目投资决策后，控制工程造价的关键在于设计，设计质量将决定着整个工程建设的效益。

（2）变被动控制为主动控制工程造价，提高控制效果

主动控制是积极的，被动控制是不可缺少的，两者相辅相成，重在目标的实现对于工程造价控制，不仅要反映投资决策、设计、发包和施工，进行被动的控制；更重要的是能动地影响投资决策、设计、发包和施工，主动地控制工程造价。

（3）加强技术与经济相结合，控制工程造价

工程造价的控制应从组织、技术、经济、合同管理等多方面采取措施，从组织上明确项目组织结构以及管理职能分工；从技术上重视设计方案的选择，严格审查设计资料及施工组织设计；从经济上要动态地比较工程造价的计划值和实际值，对发现的偏差及时纠正；从合同上要做好工程的变更和索赔管理。

五、工程造价管理的目标、任务、特点和对象

（一）工程造价管理的目标

工程造价管理的目标是按照经济规律的要求，根据社会主义市场经济的发展形势，利用科学管理方法和先进管理手段，合理地确定工程造价和有效地控制造价，以提高投资效益。

合理确定造价和有效控制造价是有机联系辩证的关系，贯穿于工程建设全过程。控制工程造价的目的，不仅仅在于控制工程项目投资不超过批准的造价限额，更积极的意

义在于合理使用人力、物力、财力，以取得最大的投资效益。

（二）工程造价管理的任务

工程造价管理的任务是：加强工程造价的全过程动态管理，强化工程造价的约束机制，维护有关各方的经济利益，规范价格行为，促进微观效益和宏观效益的统一。具体来说，工程造价管理的基本任务是在工程建设中对工程造价进行预测、优化、控制、分析评价和监督。

1. 工程造价的预测是指根据建设项目决策内容、技术文件、社会经济水平等资料，按照一定的方法对拟建工程项目的花费做出测算。

2. 工程造价的优化是以资源的优化配置为目标而进行的工程造价管理活动。在满足工程项目功能的前提下，通过确定合理的建设规模进行设计方案及施工组织的优化，实现资源的最小化。

3. 工程造价的控制是在工程建设的每一个阶段，检查造价控制目标（如批准的概算、合同总价等）的实现情况。若发现偏差，立即分析原因，及时进行调整，以确保既定目标的实现。

4. 工程造价的分析评价贯穿于整个工程造价管理过程之中，它包括工程造价的构成分析、技术经济分析、比较分析等。

工程造价的构成分析主要是对工程造价的组成要素、所占比例等进行分析，为工程造价管理提供依据；工程造价的技术经济分析主要是对设计及施工方案等进行技术经济分析，以确定工程造价是否合理；工程造价的比较分析是对工程造价进行纵向或横向比较，例如：估算、概算、预算三者进行对比分析；拟建工程的技术经济指标与已建工程的技术经济指标进行对比分析。

5. 工程造价的监督。工程造价的监督主要是指根据国家的有关文件和规定对建设工程项目进行审查与审计。

（三）工程造价管理的特点

建筑产品作为特殊的商品，具有不同于一般商品的特征，如建设周期长、资源消耗大、参与建设人员多、计价复杂等。相应地，反映在工程造价管理上则表现为参与主体多、阶段性管理、动态化管理、系统化管理的特点。

1. 工程造价管理的多主体性

工程造价管理的参与主体不仅包括建设单位项目法人，还包括工程项目建设的投资主管部门、行业协会、设计单位、施工单位、造价咨询机构等。具体来说，决策主管部门要加强项目的审批管理；项目法人要对建设项目从筹建到竣工验收全过程负责；设计单位要把好设计质量和设计变更关；施工企业要加强施工管理等。因此，工程造价管理具有明显的多主体性。

2. 工程造价管理的多阶段性

建设工程项目从可行性研究开始，依次进行设计、招标投标、工程施工、竣工验收等阶段，每一个阶段都有相应的工程造价文件，而每一个阶段的造价文件都有特定的作用，例如：投资估算价是进行建设项目可行性研究的重要参数，设计概预算是设计文件的重要组成部分；招标拦标价及投标报价是进行招投标的重要依据；工程结算是承发包双方控制造价的重要手段；竣工决算是确定新增固定资产的依据。因此，工程造价的管理需要分阶段进行。

3. 工程造价管理的动态性

工程造价管理的动态性有两个方面：一是指工程建设过程中有许多不确定因素，如物价、自然条件、社会因素等，对这些不确定因素必须采用动态的方式进行管理；二是指工程造价管理的内容和重点在项目建设的各个阶段是不同的、动态的。例如：可行性研究阶段工程造价管理的重点在于提高投资估算的编制精度以保证决策的正确性；招投标阶段是要使招标拦标价和投标报价能够反映市场；施工阶段是要在满足质量和进度的前提下降低工程造价以提高投资效益。

4. 工程造价管理的系统性

工程造价管理具备系统性的特点。例如，投资估算、设计概预算、招标拦标价（投标报价）、工程结算与竣工决算组成了一个系统。因此应该将工程造价管理作为一个系统来研究，用系统工程的原理、观点和方法进行工程造价管理，才能实施有效的管理，实现最大的投资效益。

（四）工程造价管理的对象

建设工程造价管理的对象分客体和主体。客体是建设项目，而主体是业主或投资人（建设单位）、承包商或承建商（设计单位、施工单位、项目管理单位）以及监理、咨询等机构及其工作人员。对各个管理对象而言，具体的工程造价管理工作的范围、内容以及作用各不相同。

六、工程造价管理的组织

工程造价管理的组织是指为了实现工程造价管理目标而进行的有效组织活动，以及与造价管理功能相关的有机群体。按照管理的权限和职责范围划分，我国目前的工程造价管理组织系统分为政府行政管理、行业协会管理以及企业、事业机构管理。

（一）政府部门的行政管理

政府在工程造价管理中既是宏观管理主体，也是政府投资项目的微观管理主体。从宏观管理的角度，政府对工程造价管理有一个严密的组织系统，设置了多层管理机构，规定了管理权限和职责范围。住房和城乡建设部（住建部）标准定额司是国家工程造价管理的最高行政管理机构，它的主要职责是：①组织拟定工程建设国家标准、全国统一定额、建设项目评价方法、经济参数和建设标准、建设工期定额、公共服务设施（不含通信设施）建设标准；拟定工程造价管理的规章制度。②拟定部管行业工程标准、经济定额和产品标准，指导产品质量认证工作。③指导监督各类工程建设标准定额的实施。④拟定工程造价咨询单位的资质标准并监督执行。

各省、自治区、直辖市和国务院其他主管部门的建设管理机构在其管辖范围内行使相应的管理职能；省辖市和地区的建设管理部门在所辖地区行使相应的管理职能。

（二）行业协会的自律管理

中国建设工程造价管理协会是我国建设工程造价管理的行业协会。

我国工程造价管理协会已初步形成三级协会体系，即：中国建设工程造价管理协会、省、自治区、直辖市的行业工程造价管理协会、工程造价管理协会分会。其职责范围也初步形成了宏观领导、中观区域和行业指导、微观具体实施的体系。

中国建设工程造价管理协会作为建设工程造价咨询行业的自律性组织，其行业管理的主要职能包括：

1. 研究工程造价咨询与管理改革和发展的理论、方针、政策，参与相关法律法规、行业政策及行业标准规范的研究制定。

2. 制定并组织实施工程造价咨询行业的规章制度、职业道德准则、咨询业务操作规程等行规行约，推动工程造价行业诚信建设，开展工程造价咨询成果文件质量检查等活动，建立和完善工程造价行业自律机制。

3. 研究和探讨工程造价行业改革与发展中的热点、难点问题，开展行业的调查研究工作，倾听会员的呼声，向政府有关部门反映行业和会员的建议和诉求，维护会员的合法权益，发挥联系政府与企业间的桥梁和纽带作用。

4. 接受政府部门委托，协助开展工程造价咨询行业的日常管理工作。开展注册造价工程师考试、注册及继续教育等具体工作。

5. 组织行业培训，开展业务交流，推广工程造价咨询与管理方面的先进经验，开展工程造价先进单位会员、优秀个人会员及优秀工程造价咨询成果评选和推介等活动。

6. 办好协会的网站，出版《工程造价管理》期刊，组织出版有关工程造价专业和教育培训等书籍，开展行业宣传和信息咨询服务。

7. 维护行业的社会形象和会员的合法权益，协调会员和行业内外关系，受理工程造价咨询行业中执业违规的投诉，对违规者实行行业惩戒或提请政府主管部门进行行政处罚。

8. 代表中国工程造价咨询行业和中国注册造价工程师与国际组织及各国同行建立联系，履行相关国际组织成员应尽的职责和义务，为会员开展国际交流与合作提供服务。

9. 指导中国建设工程造价管理协会各专业委员会和各地方造价协会的业务工作。

10. 完成政府及其部门委托或授权开展的其他工作。

地方建设工程造价管理协会作为建设工程造价咨询行业管理的地方性组织，在业务上接受中国建设工程造价管理协会的指导，协助地方政府建设主管部门和中国建设工程造价管理协会进行本地区建设工程造价咨询行业的自律管理。

（三）企业、事业机构管理

企业、事业机构对工程造价的管理，属于微观管理的范畴，通常是针对具体的建设项目而实施工程造价管理活动。企业、事业机构管理系统根据主体的不同，可划分为业主方工程造价管理系统、承包方工程造价管理系统、中介服务方工程造价管理系统。

1. 业主方工程造价管理

业主对项目建设的全过程进行造价管理，其职责主要是：进行可行性研究、投资估算的确定与控制；设计方案的优化和设计概算的确定与控制；施工招标文件和标底的编制；工程进度款的支付和工程结算及控制；合同价的调整；索赔与风险管理；竣工决算的编制等。

2. 承包方工程造价管理

承包方工程造价管理组织的职责主要有：投标决策，并通过市场研究、结合自身积累的经验进行投标报价；编制企业定额；在施工过程中进行工程造价的动态管理，加强风险管理、工程进度款的支付、工程索赔、竣工结算；同时加强企业内部的管理，包括施工成本的预测、控制与核算等。

3. 中介服务方工程造价管理

中介服务方主要有设计方与工程造价咨询方，其职责包括：按照业主或委托方的意图，在可行性研究和规划设计阶段确定并控制工程造价；采用限额设计以实现设定的工程造价管理目标，招投标阶段编制拦标价，参与评标、议标；在项目实施阶段，通过设计变更、工期、索赔与结算等工作进行工程造价的控制。

七、现代工程造价管理发展模式

工程造价管理理论是随着现代管理科学的发展而发展的，到 20 世纪 70 年代末有了新的突破。世界各国纷纷借助其他管理领域的最新发展，开始了对工程造价计价与控制更为深入和全面的研究。这一时期，英国提出了"全寿命期造价管理"的工程项目投资评估与造价管理的理论与方法。稍后，美国推出了"全面造价管理"这一涉及工程项目战略资产管理、工程项目造价管理的概念和理论。从此，国际上的工程造价管理研究与实践进入了一个全新发展阶段。我国在 20 世纪 80 年代末至 90 年代初提出了全过程造价管理的思想和观念，要求工程造价的计算与控制必须从立项就开始全过程的管理活动，从前期工作开始抓起，直到竣工为止。而后又出现多种具有时代特征的工程造价管理模式，如全寿命期工程造价管理、全面工程造价管理、协同工程造价管理和集成工程造价管理的模式，每一种模式都体现了工程造价管理发展的需要。

第三节　工程造价咨询

一、工程造价咨询业的形成和发展

（一）咨询及工程造价咨询

所谓咨询，是利用科学技术和管理人才，根据政府、企业以至个人的委托要求，提供解决有关决策、技术和管理等方面问题的优化方案的智力服务活动过程。它以智力劳动为特点，以特定问题为目标，以委托人为服务对象，按合同规定条件进行有偿的经营活动。可见，咨询是商品经济进一步发展和社会分工更加细密的产物，也是技术和知识商品化的具体形式。

工程造价咨询系指面向社会接受委托，承担建设项目的可行性研究、投资估算，项目经济评价，工程概算、预算、工程结算、竣工决算、工程拦标价，投标报价的编制和审核，对工程造价进行监控以及提供有关工程造价信息资料等业务工作。

（二）咨询业的形成

咨询业作为一个产业部门的形成，是技术进步和社会经济发展的结果。

咨询业属于第三产业中的服务业，它的形成也是在工业化和后工业化时期完成并得到迅速发展。这是因为经济发展程度越高，在社会经济生活和个人生活中对各种专业知识和技能、经验的需要越广泛。而要使一个企业或个人掌握和精通经济活动和社会活动所需要的各种专业知识、技能和经验，几乎是不可能的。例如，进行物业投资的企业和个人并不很了解有关的技术经济问题；要出国深造或旅游，但不知道如何选择学校和旅游线路；进行国际贸易或项目投资，不掌握国际市场的情况。凡此种种，都要求有大量的咨询服务适应这种形势，能够提供不同专业咨询服务的咨询公司应运而生。

（三）咨询业的社会功能

咨询是商品经济进一步发展和分工更加细密的产物，也是技术和商品化的具体形式。咨询业具有三大社会功能：

1. 服务功能

咨询业的首要功能就是为经济发展、社会发展和为居民生活服务。在生产领域和流通领域的技术咨询、信息咨询、管理咨询，可以起到加速企业技术进步，提高生产效率和投资效益，提高企业素质和管理水平的作用。

2. 引导功能

咨询业是知识密集型的智能型产业，有能力也有义务为服务对象提供最权威的指导，引导服务对象社会行为和市场行为既符合企业和个人的利益，也符合宏观社会经济发展的要求，以引导他们去规范自己的行为，促使微观效益和宏观效益的统一。

3. 联系功能

通过咨询活动把生产和流通，生产流通和消费更密切地联系起来，同时也促进了市场需求主体和供给主体的联系，促进了企业、居民和政府的联系，从而有利于国民经济以至于整个社会健康、协调地发展。

二、建设工程造价咨询企业管理

工程造价咨询企业是指接受委托，对建设项目投资、工程造价的确定与控制提供专业咨询服务的企业。工程造价咨询企业从事工程造价咨询活动，应当遵循独立、客观、公正、诚实信用的原则，不得损害社会公共利益和他人的合法权益。

（一）工程造价咨询企业资质等级标准

工程造价咨询企业资质等级分为甲级、乙级。

1. 甲级资质标准

（1）已取得乙级工程造价咨询企业资质证书满 3 年。

（2）企业出资人中，注册造价工程师人数不低于出资人总人数的 60%，且其出资额不低于企业注册资本总额的 60%。

（3）技术负责人已取得造价工程师注册证书，并具有工程或工程经济类高级专业技术职称，且从事工程造价专业工作 15 年以上。

（4）专职从事工程造价专业工作的人员（以下简称专职专业人员）不少于 20 人，其中，具有工程或者工程经济类中级以上专业技术职称的人员不少于 16 人，取得造价工程师注册证书的人员不少于 10 人，其他人员具有从事工程造价专业工作的经历。

（5）企业与专职专业人员签订劳动合同，且专职专业人员符合国家规定的职业年龄（出资人除外）。

（6）专职专业人员人事档案关系由国家认可的人事代理机构代为管理。

（7）企业注册资本不少于人民币 100 万元。

（8）企业近 3 年工程造价咨询营业收入累计不低于人民币 500 万元。

（9）具有固定的办公场所，人均办公建筑面积不少于 10m^2。

（10）技术档案管理制度、质量控制制度、财务管理制度齐全。

（11）企业为本单位专职专业人员办理的社会基本养老保险手续齐全。

（12）在申请核定资质等级之日前 3 年内无违规行为。

2. 乙级资质标准

（1）企业出资人中，注册造价工程师人数不低于出资人总人数的 60%，且其出资额不低于注册资本总额的 60%。

（2）技术负责人已取得造价工程师注册证书，并具有工程或工程经济类高级专业技术职称，且从事工程造价专业工作 10 年以上。

（3）专职专业人员不少于 12 人，其中，具有工程或者工程经济类中级以上专业技术职称的人员不少于 8 人，取得造价工程师注册证书的人员不少于 6 人，其他人员具有从事工程造价专业工作的经历。

（4）企业与专职专业人员签订劳动合同，且专职专业人员符合国家规定的职业年龄（出资人除外）。

（5）专职专业人员人事档案关系由国家认可的人事代理机构代为管理。

（6）企业注册资本不少于人民币 50 万元。

（7）具有固定的办公场所，人均办公建筑面积不少于 10m^2。

（8）技术档案管理制度、质量控制制度、财务管理制度齐全。

（9）企业为本单位专职专业人员办理的社会基本养老保障手续齐全。

（10）暂定期内工程造价咨询营业收入累计不低于人民币 50 万元。

（11）在申请核定资质等级之日前 3 年内无违规行为。

3. 申请材料的要求

申请工程造价咨询企业资质，应当提交下列材料并同时在网上申报：

（1）《工程造价咨询企业资质等级申请书》。

（2）专职专业人员（含技术负责人）的造价工程师注册证书、专业技术职称证书和身份证。

（3）专职专业人员（含技术负责人）的人事代理合同和企业为其交纳的本年度社会基本养老保险费用的凭证。

（4）企业章程、股东出资协议并附工商部门出具的股东出资情况证明。

（5）企业缴纳营业收入的营业税发票或税务部门出具的缴纳工程造价咨询营业收入的营业税完税证明；企业营业收入含其他业务收入的，还须出具工程造价咨询营业收入的财务审计报告。

（6）工程造价咨询企业资质证书。

（7）企业营业执照。

（8）固定办公场所的租赁合同或产权证明。

（9）有关企业技术档案管理、质量控制、财务管理等制度的文件。

（10）法律、法规规定的其他材料。

新申请工程造价咨询企业资质的，不需要提交前款第（5）项、第（6）项所列材料。其资质等级按照乙级资质标准中的相关条款进行审核，合格者应核定为乙级，设暂定期一年。暂定期届满须继续从事工程造价咨询活动的，应当在暂定期届满30日前，向资质许可机关申请换发资质证书。符合乙级资质条件的，由资质许可机关换发资质证书。

（二）工程造价咨询企业的业务承接

工程造价咨询企业应当依法取得工程造价咨询企业资质，并在其资质等级许可的范围内从事工程造价咨询活动。工程造价咨询企业依法从事工程造价咨询活动，不受行政区域限制。甲级工程造价咨询企业可以从事各类建设项目的工程造价咨询业务；乙级工程造价咨询企业可以从事工程造价5000万元人民币以下的各类建设项目的工程造价咨询业务。

1. 业务范围

工程造价咨询业务范围包括：

（1）建设项目建议书及可行性研究投资估算、项目经济评价报告的编制和审核。

（2）建设项目概预算的编制与审核，并配合设计方案比选、优化设计、限额设计等工作进行工程造价分析与控制。

（3）建设项目合同价款的确定（包括招标工程工程量清单和拦标价、投标报价的编制和审核）；合同价款的签订与调整（包括工程变更、工程洽商和索赔费用的计算）与工程款支付，工程结算及竣工结（决）算报告的编制与审核等。

（4）工程造价经济纠纷的鉴定和仲裁的咨询。

（5）提供工程造价信息服务等。

工程造价咨询企业可以对建设项目的组织实施进行全过程或者若干阶段的管理和服务。

2. 执业

（1）咨询合同及其履行

工程造价咨询企业在承接各类建设项目的工程造价咨询业务时，可以参照《建设工程造价咨询合同》（示范文本）与委托人签订书面工程造价咨询合同。

建设工程造价咨询合同一般包括下列主要内容：①委托人与咨询人的详细信息；②咨询项目的名称、委托内容、要求、标准，以及履行期限；③委托人与咨询人的权利、义务与责任；④咨询业务的酬金、支付方式和时间；⑤合同的生效、变更与终止；⑥违约责任、合同争议与纠纷解决方式；⑦当事人约定的其他专用条款的内容。

工程造价咨询企业从事工程造价咨询业务，应当按照有关规定的要求出具工程造价成果文件。工程造价成果文件应当由工程造价咨询企业加盖有企业名称、资质等级及证书编号的执业印章，并由执行咨询业务的注册造价工程师签字、加盖执业印章。

（2）执业行为准则

工程造价咨询企业在执业活动中应遵循下列执业行为准则：①执行国家的宏观经济政策和产业政策，遵守国家和地方的法律、法规及有关规定，维护国家和人民的利益。②接受工程造价咨询行业自律组织业务指导，自觉遵守本行业的规定和各项制度，积极参加本行业组织的业务活动。③按照工程造价咨询单位资质证书规定的资质等级和服务范围开展业务，只承担能够胜任的工作。④具有独立执业的能力和工作条件，竭诚为客户服务，以高质量的咨询成果和优良服务，获得客户的信任和好评。⑤按照公平、公正和诚信的原则开展业务，认真履行合同，依法独立自主开展经营活动，努力提高经济效益。⑥靠质量、靠信誉参加市场竞争，杜绝无序和恶性竞争；不得利用与行政机关、社会团体以及其他经济组织的特殊关系搞业务垄断。⑦以人为本，鼓励员工更新知识，掌握先进的技术手段和业务知识，采取有效措施组织、督促员工接受继续教育。⑧不得在解决经济纠纷的鉴证咨询业务中分别接受双方当事人的委托。⑨不得阻挠委托人委托其他工程造价咨询单位参与咨询服务；共同提供服务的工程造价咨询单位之间应分工明确，密切协作，不得损害其他单位的利益和名誉。⑩保守客户的技术和商务秘密，客户事先允许和国家另有规定的除外。

3. 企业分支机构

工程造价咨询企业设立分支机构的，应当自领取分支机构营业执照之日起 30 日内，持下列材料到分支机构工商注册所在地省、自治区、直辖市人民政府建设主管部门备案：

（1）分支机构营业执照复印件。

（2）工程造价咨询企业资质证书复印件。

（3）拟在分支机构执业的不少于 3 名注册造价工程师的注册证书复印件。

（4）分支机构固定办公场所的租赁合同或产权证明。

省、自治区、直辖市人民政府建设主管部门应当在接受备案之日起 20 日内，报国务院建设主管部门备案。

分支机构从事工程造价咨询业务，应当由设立该分支机构的工程造价咨询企业负责承接工程造价咨询业务、订立工程造价咨询合同、出具工程造价成果文件。分支机构不得以自己名义承接工程造价咨询业务、订立工程造价咨询合同、出具工程造价成果文件。

4. 跨省区承接业务

工程造价咨询企业跨省、自治区、直辖市承接工程造价咨询业务的，应当自承接业务之日起 30 日内到建设工程所在地省、自治区、直辖市人民政府建设主管部门备案。

（三）工程造价咨询企业的法律责任

1. 资质申请或取得的违规责任

申请人隐瞒有关情况或者提供虚假材料申请工程造价咨询企业资质的，不予受理或者不予资质许可，并给予警告，申请人在 1 年内不得再次申请工程造价咨询企业资质。

以欺骗、贿赂等不正当手段取得工程造价咨询企业资质的，由县级以上地方人民政府建设主管部门或者有关专业部门给予警告，并处 1 万元以上 3 万元以下的罚款，申请人 3 年内不得再次申请工程造价咨询企业资质。

2. 经营违规的责任

未取得工程造价咨询企业资质从事工程造价咨询活动或者超越资质等级承接工程造价咨询业务的，出具的工程造价成果文件无效，由县级以上地方人民政府建设主管部门或者有关专业部门给予警告，责令限期改正，并处 1 万元以上 3 万元以下的罚款。

工程造价咨询企业不及时办理资质证书变更手续的，由资质许可机关责令限期办理；逾期不办理的，可处以 1 万元以下的罚款。

有下列行为之一的，由县级以上地方人民政府建设主管部门或者有关专业部门给予警告，责令限期改正，逾期未改正的，可处以 5 000 元以上 2 万元以下的罚款：①新设立的分支机构不备案的；②跨省、自治区、直辖市承接业务不备案的。

3. 其他违规责任

工程造价咨询企业有下列行为之一的，由县级以上地方人民政府建设主管部门或者有关专业部门给予警告，责令限期改正，并处以1万元以上3万元以下的罚款：①涂改、倒卖、出租、出借资质证书，或者以其他形式非法转让资质证书；②超越资质等级业务范围承接工程造价咨询业务；③同时接受招标人和投标人或两个以上投标人对同一工程项目的工程造价咨询业务；④以给予回扣、恶意压低收费等方式进行不正当竞争；⑤转包承接的工程造价咨询业务；⑥法律、法规禁止的其他行为。

第二章　工程造价的费用构成

第一节　工程造价的费用概述

一、工程造价计价依据的分类

工程造价计价依据是据以计算造价的各类基础资料的总称。由于影响工程造价的因素很多，每一项工程的造价都要根据工程的用途、类别、结构特征、建设标准、所在地区和坐落地点、市场价格信息以及政府的产业政策、税收政策和金融政策等做具体计算，因此就需要把确定上述因素相关的各种量化定额或指标等作为计价的基础。计价依据除法律法规以外，一般以合同形式加以确定。其必须满足以下要求：准确可靠，符合实际；可信度高，具有权威；数据化表达，便于计算；定性描述清晰，便于正确使用。

（一）按用途分类

工程造价的计价依据按用途分类，可以分为七大类 18 小类。

第一类，规范工程计价的依据：国家标准《建设工程工程量清单计价规范》（GB 50500—2013）、《建筑工程建筑面积计算规范》（GB/T 50353—2013）。行业协会推荐性标准，如中国建设工程造价管理协会发布的《建设项目投资估算编审规程》《建设项目设计概算编审规程》《建设项目工程结算编审规程》《建设项目全过程造价咨询规程》等。

第二类，计算设备数量和工程量的依据：可行性研究资料；初步设计、扩大初步设计、施工图设计图纸和资料；工程变更及施工现场签证。

第三类，计算分部分项工程人工、材料、机械台班消耗量及费用的依据：概算指标、概算定额、预算定额；人工单价；材料预算单价；机械台班单价；工程造价信息。

第四类，计算建筑安装工程费用的依据：费用定额；价格指数。

第五类，计算设备费的依据：设备价格、运杂费率等。

第六类，计算工程建设其他费用的依据：用地指标；各项工程建设其他费用定额等。

第七类，与计算造价相关的法规和政策：包含在工程造价内的税种、税率；与产业政策、能源政策、环境政策、技术政策和土地等资源利用政策有关的收费标准；利率和汇率；其他计价依据。

（二）按使用对象分类

第一类，规范建设单位（业主）计价行为的依据：可行性研究资料、用地指标、工程建设其他费用定额等。

第二类，规范建设单位（业主）和承包商双方计价行为的依据：包括国家标准《建设工程工程量清单计价规范》（GB 50500—2013）和《建设工程建筑面积计算规范》及中国建设工程造价管理协会发布的建设项目投资估算、设计概算、工程结算、全过程造价咨询等规程；初步设计、扩大初步设计、施工图设计；工程变更及施工现场签证；概算指标、概算定额、预算定额；人工单价；材料预算单价；机械台班单价；工程造价信息；间接费定额；设备价格、运杂费率等；包含在工程造价内的税种、税率；利率和汇率；其他计价依据。

二、工程定额

（一）工程建设定额的分类

定额是一种规定的额度或称数量标准。工程建设定额就是完成某一建筑产品所需要消耗的人力、物力和财力的数量标准。定额是企业科学管理的产物，工程定额反映了在一定社会生产力水平的条件下，建设工程施工的管理和技术水平。

在建筑安装施工生产中，根据需要而采用不同的定额。例如用于企业内部管理的企业定额。又如为了计算工程造价，要使用估算指标、概算定额、预算定额（包括基础定额）、费用定额等。因此，工程建设定额可以从不同的角度进行分类。

1. 按定额反映的生产要素消耗内容分类

（1）劳动定额

劳动定额规定了在正常施工条件下某工种某等级的工人，生产单位合格产品所需要消耗的劳动时间，或是在单位时间内生产合格产品的数量。

（2）材料消耗定额

材料消耗定额是在节约和合理使用材料的条件下，生产单位合格产品所必须消耗的一定品种规格的原材料、半成品、成品或结构构件的消耗量。

（3）机械台班消耗量定额

机械台班消耗量定额是在正常施工条件下，利用某种机械，生产单位合格产品所必须消耗的机械工作时间，或是在单位时间内机械完成合格产品的数量。

2. 按定额的不同用途分类

（1）施工定额

施工定额是企业内部使用的定额，以同一性质的施工过程为研究对象，由劳动定额、材料消耗定额、机械台班消耗定额组成。它既是企业投标报价的依据，也是企业控制施工成本的基础。

（2）预算定额

预算定额是编制工程预结算时计算和确定一个规定计量单位的分项工程或结构构件的人工、材料、机械台班耗用量（或货币量）的数量标准。它是以施工定额为基础的综合扩大。

（3）概算定额

概算定额是编制扩大初步设计概算时和确定扩大分项工程的人工、材料、机械台班耗用量（或货币量）的数量标准。它是预算定额的综合扩大。

（4）概算指标

概算指标是在初步设计阶段编制工程概算所采用的一种定额，是以整个建筑物或构筑物为对象，以"平方米""立方米"或"座"等为计量单位规定人工、材料、机械台班耗用量的数量标准。它比概算定额更加综合扩大。

（5）投资估算指标

投资估算指标是在项目建议书和可行性研究阶段编制、计算投资需要量时使用的一种定额，一般以独立的单项工程或完整的工程项目为对象，编制和计算投资需要量时使用的一种定额。它也是以预算定额、概算定额为基础的综合扩大。

3. 按定额的编制单位和执行范围分类

（1）全国统一定额

全国统一定额是由国家建设行政主管部门根据全国各专业工程的生产技术与组织管理情况而编制的，在全国范围内执行的定额，如《全国统一安装工程预算定额》等。

（2）地区统一定额

按照国家定额分工管理的规定，由各省、直辖市、自治区建设行政主管部门根据本地区情况编制的，在其管辖的行政区域内执行的定额，如各省、直辖市、自治区的《建筑工程预算定额》等。

（3）行业定额

按照国家定额分工管理的规定，由各行业部门根据本行业情况编制的，只在本行业和相同专业性质使用的定额，如交通运输部发布的《公路工程预算定额》等。

（4）企业定额

由企业根据自身具体情况编制，在本企业内部使用的定额，如施工企业定额等。

（5）补充定额

当现行定额项目不能满足生产需要时，根据现场实际情况一次性补充定额，并报当地造价管理部门批准或备案。

4. 按照投资的费用性质分类

（1）建筑工程定额

建筑工程一般是指房屋和构筑物工程。其包括土建工程，电气工程（动力、照明、弱电），暖通工程（给排水及供暖、通风工程），工业管道工程，特殊构筑物工程等。其在广义上被理解为包含其他各类工程的统称，如道路、铁路、桥梁、隧道、运河、堤坝、港口、电站、机场等工程。建筑工程定额在整个工程建设定额中是一种非常重要的定额，在定额管理中占有突出的地位。

（2）设备安装工程定额

设备安装工程是对需要安装的设备进行定位、组合、校正、调试等工作的工程。在工业项目中，机械设备安装和电气设备安装工程占有重要地位。在非生产性的建设项目中，由于社会生活和城市设施的日益现代化，设备安装工程量也在不断增加。

设备安装工程定额和建筑工程定额是两种不同类型的定额。一般都要分别编制，各自独立。但是设备安装工程和建筑工程是单项工程的两个有机组成部分，在施工中有时间连续性，也有作业的搭接和交叉，互相协调，在这个意义上通常把建筑和安装工程作为一个施工过程来看待，即建筑安装工程。所以有时将其合二而一，称为建筑安装工程定额。

（3）建筑安装工程费用定额

建筑安装工程费用定额是指与建筑安装施工生产的个别产品无关，而为企业生产全部产品，为维持企业的经营管理活动所必须产生的各项费用开支的费用消耗标准。

（4）工程建设其他费用定额

工程建设其他费用定额是独立于建筑安装工程、设备和工器具购置之外的其他费用开支的标准。工程建设的其他费用的产生和整个项目的建设密切相关。

（二）预算定额、概算定额和估算指标

1. 预算定额

（1）预算定额的概念

预算定额是建筑工程预算定额和安装工程预算定额的总称。随着我国推行工程量清

单计价，一些地方出现综合定额、工程量清单计价定额、工程消耗量定额等，但其本质上仍应归于预算定额一类。

预算定额是计算和确定一个规定计量单位的分项工程或结构构件的人工、材料和施工机械台班消耗的数量标准。

（2）预算定额的作用

①预算定额是编制施工图预算、确定工程造价的依据。

②预算定额是建筑安装工程在工程招投标中确定招投标控制价和招投标报价的依据。

③预算定额是建设单位拨付工程价款、建设资金和编制竣工结算的依据。

④预算定额是施工企业编制施工计划，确定劳动力、材料、机械台班需用量计划和统计完成工程量的依据。

⑤预算定额是施工企业实施经济核算制、考核工程成本的参考依据。

⑥预算定额是对设计方案和施工方案进行技术经济评价的依据。

⑦预算定额是编制概算定额的基础。

（3）预算定额的编制原则

①社会平均水平的原则

预算定额理应遵循价值规律的要求，按生产该产品的社会平均必要劳动时间来确定其价值，即在正常施工条件下，以平均的劳动强度、平均的技术熟练程度，在平均的技术装备条件下，完成单位合格产品所需的劳动消耗量就是预算定额的消耗量水平。这种以社会平均劳动时间来确定的定额水平，就是通常所说的社会平均水平。

②简明适用的原则

定额的简明与适用是统一体中的两个方面，要求既简明又适用。一般地说，如果只强调简明，适用性就差；如果只强调适用，简明性就差。因此预算定额要在适用的基础上力求简明。

（4）预算定额的编制依据

①全国统一劳动定额、全国统一基础定额。

②现行的设计规范、施工验收规范、质量评定标准和安全操作规程。

③通用的标准图和已选定的典型工程施工图纸。

④推广的新技术、新结构、新材料、新工艺。

⑤施工现场测定资料、实验资料和统计资料。

⑥现行预算定额及基础资料和地区材料预算价格、工资标准及机械台班单价。

（5）预算定额各消耗量指标的确定

①预算定额计量单位的确定

预算定额计量单位的选择，与预算定额的准确性、简明适用性及预算工作的繁简有着密切的关系。因此，在计算预算定额各种消耗量之前，应首先确定其计量单位。

在确定预算定额计量单位时，首先应考虑该单位能否反映单位产品的工、料消耗量，保证预算定额的准确性；其次，其要有利于减少定额项目，保证定额的综合性；最后，其要有利于简化工程量计算和整个预算定额的编制工作，保证预算定额编制的准确性和及时性。

由于各分项工程的形体不同，预算定额的计量单位应根据上述原则和要求，按照分项工程的形体特征和变化规律来确定。凡物体的长、宽、高三个度量都在变化时，应采用"立方米"为计量单位。当物体有一固定的厚度，而它的长和宽两个度量所决定的面积不固定时，宜采用"平方米"为计量单位。如果物体截面形状大小固定，但长度不固定时，应以"延长米"为计量单位。有的分部分项工程体积、面积相同，但重量和价格差异很大（如金属结构的制作、运输、安装等），应当以质量单位"千克"或"吨"计算。有的分项工程还可以按"个""组""座""套"等自然计量单位计算。

预算定额单位确定以后，在预算定额项目表中，常采用所取单位的10倍、100倍等倍数的计量单位来制定预算定额。

②预算定额消耗量指标的确定

按选定的典型工程施工图及有关资料计算工程量：计算工程量的目的是综合组成分项工程各实物量的比重，以便采用劳动定额、材料消耗定额、机械台班定额计算出综合后的消耗量。

人工消耗指标的确定：预算定额中的人工消耗指标是指完成该分部分项工程必须消耗的各种用工，包括基本用工、材料超运距用工、辅助用工和人工幅度差。

基本用工：基本用工指完成该分项工程的主要用工，如砌砖工程中的砌砖、调制砂浆、运砖等的用工；将劳动定额综合成预算定额的过程中，还要增加砌附墙烟囱孔、垃圾道等的用工。

材料超运距用工：预算定额中的材料、半成品的平均运距要比劳动定额的平均运距远，因此超过劳动定额运距的材料要计算超运距用工。

辅助用工：辅助用工指施工现场发生的加工材料等产生的用工，如筛沙子、淋石灰膏的用工。

人工幅度差：人工幅度差主要指正常施工条件下，劳动定额中没有包含的用工因素，如各工种交叉作业配合工作的停歇时间，工程质量检查和工程隐蔽、验收等所占的时间。

材料消耗指标的确定：由于预算定额是在基础定额的基础上综合而成的，所以其材料用量也要综合计算。

施工机械台班消耗指标的确定：预算定额的施工机械台班消耗指标的计量单位是台班。按现行规定，每个工作台班按机械工作8小时计算。

预算定额中的机械台班消耗指标应按《全国统一劳动定额》中各种机械施工项目所规定的台班产量进行计算。

预算定额中以使用机械为主的项目（如机械挖土、空心板吊装等），其工人组织和台班产量应按劳动定额中的机械施工项目综合而成。此外，还要相应增加机械幅度差。

预算定额项目中的施工机械是配合工人班组工作的，所以，施工机械要按工人小组配置使用，如砌墙是按工人小组配置塔吊、卷扬机、砂浆搅拌机等。配合工人小组施工的机械不增加机械幅度差。

（6）编制定额项目表

当分项工程的人工、材料和机械台班消耗量指标确定后，就可以着手编制定额项目表。

在项目表中，工程内容可以按编制时即包括的综合分项内容填写；人工消耗量指标可按工种分别填写工日数；材料消耗量指标应列出主要材料名称、单位和实物消耗量；机械台班使用量指标应列出主要施工机械的名称和台班数。人工和中小型施工机械也可用"人工费和中小型机械费"表示。

（7）预算定额的编排

定额项目表编制完成后，对分项工程的人工、材料和机械台班消耗量列上单价（基期价格），从而形成量价合一的预算定额。各分部分项工程人工、材料、机械单价所汇总的价称基价，在具体应用中，按工程所在地的市场价格进行价差调整，体现量、价分离的原则，即定额量、市场价原则。预算定额主要包括文字说明、分项定额消耗量指标和附录三部分。

2. 概算定额及概算指标

（1）概算定额概念

概算定额又称扩大结构定额，规定了完成单位扩大分项工程或单位扩大结构构件所必须消耗的人工、材料和机械台班的数量标准。

概算定额是由预算定额综合而成的。为适应工程招标投标的需要，有的地方预算定额项目的综合部分已与概算定额项目一致，如挖土方只有一个项目，不再划分一、二、三、四类土；砖墙也只有一个项目，综合了外墙、半砖、一砖、一砖半、二砖、二砖半墙等；化粪池、水池等按"座"计算，综合了土方、砌筑或结构配件全部项目。

（2）概算定额的主要作用

①概算定额是扩大初步设计阶段编制设计概算和技术设计阶段编制修正概算的依据。

②概算定额是对设计项目进行技术经济分析和比较的基础资料之一。

③概算定额是编制建设项目主要材料计划的参考依据。

④概算定额是编制概算指标的依据。

⑤概算定额是编制招标控制价和投标报价的依据。

（3）概算定额的编制依据

①现行的预算定额。

②选择的典型工程施工图和其他有关资料。

③人工工资标准、材料预算价格和机械台班预算价格。

（4）概算定额的编制步骤

①准备工作阶段

该阶段的主要工作是确定编制机构和人员组成，进行调查研究，了解现行概算定额的执行情况和存在的问题，明确编制定额的项目。在此基础上，制订出编制方案和确定概算定额项目。

②编制初稿阶段

该阶段根据制订的编制方案和确定的定额项目，收集和整理各种数据，对各种资料进行深入细致的测算和分析，确定各项目的消耗指标，最后编制出定额初稿。

该阶段要测算概算定额水平。其内容包括两个方面：新编概算定额与原概算定额的水平测算；概算定额与预算定额的水平测算。

③审查定稿阶段

该阶段要组织有关部门讨论定额初稿，在听取合理意见的基础上进行修改，最后将修改稿报请上级主管部门审批。

（5）概算指标

概算指标是以整个建筑物或构筑物为对象，以"平方米""立方米"或"座"等为计量单位，规定了人工、材料、机械台班的消耗指标的一种标准。

3. 投资估算指标

（1）投资估算指标的作用

工程建设投资估算指标是编制项目建议书、可行性研究报告等前期工作阶段投资估算的依据，也可以作为编制固定资产长远规划投资额的参考。投资估算指标为完成项目建设的投资估算提供依据和手段，它在固定资产的形成过程中起着投资预测、投资控制、投资效益的分析作用，是合理确定项目投资的基础。估算指标中的主要材料消耗量也是一种扩大材料消耗量的指标，可以作为计算建设项目主要材料消耗量的基础。估算指标的正确制定对于提高投资估算的准确度，对建设项目的合理评估正确决策具有重要意义。

（2）投资估算指标的内容

投资估算指标是确定和控制建设项目全过程各项投资支出的技术经济指标，其范围涉及建设前期、建设实施期和竣工验收交付使用期等各个阶段的费用支出，内容因行业不同各异，一般可分为建设项目综合指标、单项工程指标和单位工程指标三个层次。

①建设项目综合指标

建设项目综合指标指按规定应列入建设项目总投资的从立项筹建开始至竣工验收交付使用的全部投资额，包括单项工程投资、工程建设其他费用和预备费等。

建设项目综合指标一般以项目的综合生产能力单位投资表示（如元／吨、元／千瓦）或以使用功能表示（如医院床位：元／床位）。

②单项工程指标

单项工程指标指按规定应列入能独立发挥生产能力或使用效益的单项工程内的全部投资额，包括建筑工程费、安装工程费、设备及生产工器具购置费和其他费用。

单项工程指标一般以单项工程生产能力单位投资，如元／吨或其他单位表示。如变电站：元／（千伏·安）；锅炉房：元／蒸汽吨；供水站：元／米^3；办公室、仓库、宿舍、住宅等房屋建筑工程：元／米^2。

③单位工程指标

单位工程指标按规定应列入能独立设计、施工的工程项目的费用，即建筑安装工程费用。

（3）投资估算指标的编制方法

投资估算指标的编制工作，涉及建设项目的产品规模、产品方案、工艺流程、设备选型、工程设计和技术经济等各个方面，既要考虑到现阶段技术状况，又要展望未来技术发展趋势和设计动向，从而可以指导以后建设项目的实践。编制一般分为三个阶段进行：

①收集整理资料阶段

收集整理已建成或正在建设的、符合现行技术政策和技术发展方向、有可能重复采用的、有代表性的工程设计施工图、标准设计以及相应的竣工决算或施工图预算资料等。将整理后的数据资料按项目划分栏目加以归类，按照编制年度的现行定额、费用标准和价格，调整成编制年度的造价水平及相互比例。

②平衡调整阶段

由于调查收集的资料来源不同，虽然经过一定的分析整理，但难免会由于设计方案、建设条件和建设时间上的差异带来的某些影响，使数据失准或漏项等。必须对有关资料进行综合平衡调整。

③测算审查阶段

测算是将新编的指标和选定工程的概预算，在同一价格条件下进行比较，检验其"量差"的偏离程度是否在允许偏差的范围以内，如偏差过大，则要查找原因，进行修正，以保证指标的确切、实用。由于投资估算指标的计算工作量非常大，在现阶段计算机已经广泛普及的条件下，应尽可能应用电子计算机进行投资估算指标的编制工作。

三、工程量清单

工程量清单是指载明建设工程分部分项工程项目、措施项目、其他项目的名称和相应数量以及规费、税金项目等内容的明细清单。

招标工程量清单应由具有编制能力的招标人或受其委托、具有相应资质的工程造价咨询人或招标代理人编制。招标工程量清单必须作为招标文件的组成部分，其准确性和完整性由招标人负责。招标工程量清单是工程量清单计价的基础，应作为编制招标控制价、投标报价、计算或调整工程量、施工索赔等的依据之一。

（一）工程量清单的组成

根据《建设工程工程量清单计价规范》（GB 50500—2013）的规定，工程量清单的组成内容如下：

1. 封面。

2. 总说明。

3. 分部分项工程量清单与计价表。

4. 措施项目清单与计价表。

5. 其他项目清单。

6. 规费、税金项目清单与计价表等。

（二）分部分项工程量清单的编制

分部分项工程量清单是指完成拟建工程的实体工程项目数量的清单。其由招标人根据《建设工程工程量清单计价规范》（GB 50500—2013）附录规定的项目编码、项目名称、项目特征、计量单位和工程量计算规则进行编制。

1. 分部分项工程量清单的项目编码

分部分项工程量清单的项目编码，按五级设置，用12位阿拉伯数字表示。一、二、三、四级编码，即第1～9位应按《建设工程工程量清单计价规范》（GB 50500—2013）附录的规定设置；第五级编码，即第 10 ～ 12 位应根据拟建工程的工程量清单项目名称由其编制人设置，同一招标工程的项目编码不得有重码。各级编码代表含义如下：

（1）第一级表示分附录顺序码（分两位）。附录 A 建筑工程为 01，附录 B 装饰装修工程为 02. 附录 C 安装工程为 03，附录 D 市政工程为 04，附录 E 园林绿化工程为 05，附录 F 矿山工程为 06。

（2）第二级表示专业工程顺序码（分两位）。如 0104 为附录 A 的第三章"砌筑工程"；0304 为附录 C 的第二章"电气设备安装工程"。

（3）第三级表示分部工程顺序码（分两位）。如 010401 为砌筑工程的第一节"砖砌体"。

（4）第四级表示清单项目（分项工程）名称码（分三位）如 010401003 为砖砌体中的"实心砖墙"。

（5）第五级表示拟建工程量清单项目顺序码（分三位）。由编制人依据项目特征的区别，从 001 开始，共 999 个码可供使用。如用 MU20 页岩标准砖，M7.5 混合砂浆砌混水墙，可编码为：010401001001，其余类推。

2. 分部分项工程量工程量清单的项目名称

项目名称应按《建设工程工程量清单计价规范》（GB 50500—2013）附录的项目名称与项目特征并结合拟建工程的实际确定。《建设工程工程量清单计价规范》（GB 50500—2013）没有的项目，编制人可做相应补充，并报省级或行业工程造价管理机构备案。省级或行业工程造价管理机构应汇总报住房和城乡建设部标准定额研究所。

3. 分部分项工程量清单的计量单位

分部分项工程量清单的计量单位应按《建设工程工程量清单计价规范》（GB 50500—2013）附录中规定的计量单位确定。

在工程量清单编制时，有的分部分项工程项目在《建设工程工程量清单计价规范》（GB 50500—2013）中有两个以上计量单位，对具体工程量清单项目只能根据《建设工程工程量清单计价规范》（GB 50500—2013）的规定选择其中一个计量单位。《建设工程工程量清单计价规范》（GB 50500—2013）中没有具体选用规定时，清单编制人可以根据具体的情况选择其中的一个。例如《建设工程工程量清单计价规范》（GB 50500—2013）对"A21 混凝土桩"的"预制钢筋混凝土桩"计量单位有"m"和"根"两个计量单位，但是没有具体的选用规定，在编制该项目清单时清单编制人可以根据具体情况选择"m"或者"根"作为计量单位。又如《建设工程工程量清单计价规范》（GB 50500—2013）对"A.3.2 砖砌体"中的"零星砌砖"的计量单位为"m³""m²""m""个"四个计量单位，但是规定了"砖砌锅台与炉灶可按外形尺寸以'个'计算，砖砌台阶可按水平投影面积

以 m^3 计算，小便槽、地垄墙可按长度计算，其他工程量按 m^2 计算"，所以在编制该项目的清单时，应根据《建设工程工程量清单计价规范》（GB 50500—2013）的规定选用。

4. 分部分项工程量清单的工程数量

分部分项工程量清单中的工程数量，应按《建设工程工程量清单计价规范》（GB 50500—2013）附录中规定的工程量计算规则计算。

由于清单工程量是招标人根据设计计算的数量，仅作为投标人投标报价的共同基础，工程结算的数量按合同双方认可的实际完成的工程量确定。所以，清单编制人应该按照《建设工程工程量清单计价规范》（GB 50500—2013）的工程量计算规则，对每一项的工程量进行准确计算，从而避免业主承受不必要的工程索赔。

5. 分部分项工程量清单项目的特征描述

项目特征是用来表述项目名称的实质内容，用于区分同一清单条目下各个具体的清单项目。由于项目特征直接影响工程实体的自身价值，关系到综合单价的准确确定，因此项目特征的描述，应根据《建设工程工程量清单计价规范》（GB 50500—2013）项目特征的要求，结合技术规范、标准图集、施工图纸，按照工程结构、使用材质及规格或安装位置等予以详细表述和说明。由于种种原因，对同一项目特征，不同的人会有不同的描述。尽管如此，对体现项目特征的区别和对报价有实质影响的内容必须描述，内容的描述可按以下方面把握：

（1）必须描述的内容如下：

①涉及正确计量计价的必须描述，如门窗洞口尺寸或框外围尺寸。

②涉及结构要求的必须描述，如混凝土强度等级（C20 或 C30）。

③涉及施工难易程度的必须描述，如抹灰的墙体类型（砖墙或混凝土墙）。

④涉及材质要求的必须描述，如油漆的品种、管材的材质（碳钢管、无缝钢管）。

（2）可不描述的内容如下：

①对项目特征或计量计价没有实质影响的内容可以不描述，如混凝土柱高度、断面大小等。

②应由投标人根据施工方案确定的内容可不描述，如预裂爆破的单孔深度及装药量等。

③应由投标人根据当地材料确定的内容可不描述，如混凝土拌和料使用的石子种类及类径、砂的种类等。

④应由施工措施解决的内容可不描述，如现浇混凝土板、梁的标高等。

（3）可不详细描述的内容如下：

①无法准确描述的内容可不详细描述，如土壤类别可描述为综合等（对工程所在具体地点来讲，应由投标人根据地勘资料确定土壤类别，决定报价）。

②施工图、标准图已标注明确的，可不再详细描述。可描述为"见某图集某图号"等。

③还有一些项目可不详细描述，但清单编制人在项目特征描述中应注明由投标人自定，如"挖基础土方"中的土方运距等。

对规范中没有项目特征要求的少数项目，但又必须描述的应予描述：如 A.5.1"长库房大门、特种门"，规范以"樘/m²"作为计量单位，如果选择以"樘"计量，"框外围尺寸"就是影响报价的重要因素，因此必须描述，以便投标人准确报价。同理，B.4.1"木门"、B.5.1"门油漆"、B.5.2"窗油漆"也是如此。

需要指出的是，《建设工程工程量清单计价规范》（GB 50500—2013）附录中"项目特征"与"工程内容"是两个不同性质的规定。项目特征必须描述，因其讲的是工程实体特征，直接影响工程的价值。工程内容无须描述，因其主要讲的是操作程序，二者不能混淆。例如砖砌体的实心砖墙，按照《建设工程工程量清单计价规范》（GB 50500—2013）"项目特征"栏的规定必须描述砖的品种是页岩砖还是煤灰砖；砖的规格是标砖还是非标砖，是非标砖就应注明规格尺寸；砖的强度等级是 MU10、MU15 还是 MU20，因为砖的品种、规格、强度等级直接关系到砖的价值；还必须描述墙体的厚度是一砖（240 mm）还是一砖半（370 mm）等；墙体类型是混水墙还是清水墙，清水是双面还是单面，或是一斗一卧围墙还是单顶全斗墙等，因为墙体的厚度、类型直接影响砌砖的工效以及砖、砂浆的消耗量。还必须描述是否勾缝，是原浆还是加浆勾缝；如是加浆勾缝，还须注明砂浆配合比。还必须描述砌筑砂浆的强度等级是 M5、M7.5 还是 M10 等，因为不同强度等级、不同配比的砂浆，其价值是不同的。由此可见，这些描述均不可少，因为其中任何一项都影响了综合单价的确定。而《建设工程工程量清单计价规范》（GB 50500—2013）中"工程内容"中的砂浆制作、运输、砌砖、勾缝、砖压顶砌筑、材料运输则不必描述，因为，不描述这些工程内容，但承包商必然要操作这些工序，完成最终验收的砖砌体。

还须要说明，《建设工程工程量清单计价规范》（GB 50500—2013）在"实心砖墙"的"项目特征"及"工程内容"栏内均包括含有勾缝，但两者的性质不同，"项目特征"栏的勾缝体现的是实心砖墙的实体特征，而"工程内容"栏内的勾缝表述的是操作工序或称操作行为。因此，如果须勾缝，就必须在项目特征中描述，而不能因工程内容中有而不描述，否则，将视为清单项目漏项，而可能在施工中引起索赔。类似的情况在计价规范中还有很多，须引起注意。

清单编制人应该高度重视分部分项工程量清单项目特征的描述，任何不描述、描述不清均会在施工合同履约过程中产生分歧，导致纠纷、索赔。

措施项目清单指为完成工程项目施工，关于发生于该工程施工前和施工过程中的技术、生活、安全等方面的非工程实体项目的清单。

第二节　设备及工器具购置费用的构成

一、设备购置费的组成

设备购置费是指建设项目购置或者自制的达到固定资产标准的各种国产或者进口设备、工具、器具的购置费用。固定资产是指为生产商品、提供劳务、对外出租或经营管理而持有的，使用寿命超过一年会计年度的有形资产。新建项目和扩建项目的新建车间购置或自制的全部设备、工具、器具，无论是否达到固定资产标准，均计入设备、工器具购置费中。设备购置费包括设备原价和设备运杂费，即：

$$设备购置费 = 设备原价或进口设备抵岸价 + 设备运杂费$$

$$(2-1)$$

式中，设备原价是指国产标准设备、非标准设备原价；设备运杂费主要由运费和装卸费、包装费、设备供销部门手续费、采购与保管费组成。

（一）国产设备

1. 国产标准设备原价

国产标准设备是指按照主管部门颁布的标准图纸和技术要求，由我国设备生产厂批量生产的，符合国家质量检测标准的设备。国产标准设备原价有两种，即带有备件的原价和不带有备件的原价。在计算时，一般采用带有备件的原价。

2. 国产非标准设备原价

国产非标准设备是指国家尚无定型标准，各设备生产厂不可能在工艺过程中采用批量生产，只能按一次订货，并根据具体的设计图纸制造的设备。非标准设备原价有多种不同的计算方法，如成本计算估价法、系列设备插入估价法、分部组合估价法、定额估价法等。但无论采用哪种方法都应该使非标准设备计价接近实际出厂价，并且计算方法要简便。按成本计算估价法，非标准设备的原价由以下各项组成：

（1）材料费，其计算公式如下：

$$材料费 = 材料净重 \times （1 + 加工损耗系数） \times 每吨材料综合价$$

$$(2-2)$$

（2）加工费，包括生产工人工资和工资附加费、燃料动力费、设备折旧费、车间经费等。其计算公式如下：

$$加工费 = 设备总重量（吨）\times 设备每吨加工费$$

（2-3）

（3）辅助材料费（简称辅材费），包括焊条、焊丝、氧气、氯气、氮气、油漆等。其计算公式如下：

$$辅助材料费 = 设备总重量 \times 辅助材料费指标$$

（2-4）

（4）专用工具费。按（1）～（3）项之和乘以一定百分比计算。

（5）废品损失费。按（1）～（4）项之和乘以一定百分比计算。

（6）外购配套件费。按设备设计图纸所列的外购配套件的名称、型号、规格、数量、重量等，根据相应的价格加运杂费计算。

（7）包装费。按以上（1）～（6）项之和乘以一定百分比计算。

（8）利润。可按（1）～（5）项加第（7）项之和乘以一定利润率计算。

（9）税金。主要指增值税。其计算公式为：

$$增值税 = 当期销项税额 - 进项税额$$

（2-5）

式中，销售额为（1）～（8）项之和。

（10）非标准设备设计费。按国家规定的设计费收费标准计算。综上所述，单台非标准设备原价可用下面的公式表达：

单台非标准设备原价=｛[（材料费+加工费+辅助材料费）×（1+专用工具费率）×（1+废品损失费率）+外购配套件费] ×（1+包装费率）-外购配套件费｝×（1+利润率）+销项税额+非标准设备设计费+外购配套件费

（2-6）

在用成本计算估价法计算非标准设备原价时，外购配套件费计取包装费，但不计取利润，非标准设备设计费不计取利润，增值税指销项税额。

（二）进口设备

1. 交货方式

进口设备的交货方式类别可分为内陆交货类、目的地交货类、装运港交货类。

（1）内陆交货类

内陆交货类，即卖方在出口国内陆的某个地点交货。在交货地点，卖方及时提交合同规定的货物和有关凭证，并负担交货前的一切费用和风险；买方按时接受货物，交付货款，负担接货后的一切费用和风险，并自行办理出口手续和装运出口。货物的所有权也在交货后由卖方转移给买方。

（2）目的地交货类

目的地交货类，即卖方在进口国的港口或内地交货，有目的港船上交货价、目的港船边交货价（FOB）和目的港码头交货价（关税已付）及完税后交货价（进口国的指定地点）等几种交货价。其特点是，买卖双方承担的责任、费用和风险是以目的地约定交货点为分界线，只有当卖方在交货点将货物置于买方控制下才算交货，才能向买方收取货款。这种交货类别对卖方来说承担的风险较大，在国际贸易中卖方一般不愿采用。

（3）装运港交货类

装运港交货类，即卖方在出口国装运港交货，主要有装运港船上交货价（FOB），习惯称离岸价格，运费在内价（C&F）和运费、保险费在内价（CIF），习惯称到岸价格。其特点：卖方按照约定的时间在装运港交货，只要卖方把合同规定的货物装船后提供货运单据便完成交货任务，可凭单据收回货款。

装运港船上交货价（FOB）是我国进口设备采用最多的一种货价。采用船上交货价时卖方的责任：在规定的期限内，负责在合同规定的装运港口将货物装上买方指定的船只，并及时通知买方；负担货物装船前的一切费用和风险，负责办理出口手续；提供出口国政府或有关方面签发的证件；负责提供有关装运单据。买方的责任：负责租船或订舱，支付运费，并将船期、船名通知卖方；负担货物装船后的一切费用和风险；负责办理保险及支付保险费，办理在目的港的进口和收货手续；接受卖方提供的有关装运单据，并按合同规定支付货款。

2. 交易价格术语

在国际贸易中，较为广泛使用的交易价格术语有 FOB、CFR 和 CIF。

（1）装运港交货类

主要有装运港船上交货价（FOB，Free On Board），习惯称离岸价格。FOB 是指当货物在指定的装运港越过船舷，卖方即完成交货义务。风险转移，以在指定的装运港货物越过船舷时为分界点。费用划分与风险转移的分界点相一致。其特点：卖方按照约定的时间在装运港交货，只要卖方把合同规定的货物装船后提供货运单据便完成交货任务，可凭单据收回货款。

在 FOB 交货方式下，卖方的基本义务：①办理出口清关手续，自负风险和费用，领取出口许可证及其他官方文件；②在约定的日期或期限内，在合同规定的装运港，按港口惯常的方式，把货物装上买方指定的船只，并及时通知买方；③承担货物在装运港越过船舷之前的一切费用和风险；④向买方提供商业发票和证明货物已交至船上的装运单据或具有同等效力的电子单证。

买方的基本义务：①负责租船订舱，按时派船到合同约定的装运港接运货物，支付运费，并将船期、船名及装船地点及时通知卖方；②负担货物在装运港越过船舷时的各种费用以及货物灭失或损坏的一切风险；③负责获取进口许可证或其他官方文件，以及办理货物入境手续；④受领卖方提供的各种单证，按合同规定支付货款。

（2）CFR（cost and freight），意为成本加运费，或称之为运费在内价

CFR 是指卖方必须负担货物运至目的港所需的成本和运费，在装运港货物越过船舷才算完成其交货义务。风险转移，以在装运港货物越过船舷为分界点。

在 CFR 交货方式下，卖方的基本义务：①提供合同规定的货物，负责订立运输合同，并租船订舱，在合同规定的装运港和规定的期限内，将货物装上船并及时通知买方，支付运至目的港的运费；②负责办理出口清关手续，提供出口许可证或其他官方批准的证件；③承担货物在装运港越过船舷之前的一切费用和风险；④按合同规定提供正式有效的运输单据、发票或具有同等效力的电子单证。

买方的基本义务：①承担货物在装运港越过船舷以后的一切风险及运输送中因遭遇风险所引起的额外费用；②在合同规定的目的港受领货物，办理进口清关手续，交纳进口税；③受领卖方 CFR 提供的各种约定的单证，并按合同规定支付货款。

（3）CIF（Cost Insurance and Freight），意为成本加保险费、运费，习惯称到岸价格

在 CIF 术语中，卖方除负有与 CFR 相同的义务外，还应办理货物在运输途中最低险别的海运保险，并应支付保险费。如买方需要更高的保险险别，则需要与卖方明确地达成协议，或者自行做出额外的保险安排。除保险这项义务之外，买方的义务也与 CFR 相同。

3. 进口设备抵岸价的构成

进口设备如果采用装运港交货类（FOB），是指抵达买方边境港口或边境车站，且交完关税为止形成的价格，它基本上包括两大部分内容，即货价和从属费用。抵岸价格通俗地讲是到岸价格加上银行财务费、外贸手续费、关税、增值税、消费税、海关监管手续费、车辆购置附加费，即

进口设备抵岸价 = 货价 + 国际运费 + 国外运输保险费 + 银行财务费 + 外贸手续费 + 进口关税 + 增值税 + 消费税 + 海关监管手续费 + 车辆购置附加税

$$(2-7)$$

（1）进口设备的货价

进口设备的货价一般指装运港船上交货价（FOB）。设备货价分为原币货价和人民币货价，原币货价一律折算为美元表示，人民币货价按原币货价乘以外汇市场美元兑换人民币中间价确定。进口设备货价按有关生产厂商询价、报价、订货合同价计算。

$$货价 = 离岸价（FOB 价）\times 人民币外汇牌价$$

$$(2-8)$$

（2）国际运费

国际运费从装运港（站）到达我国抵达港（站）的运费。我国进口设备大部分采用海洋运输，小部分采用铁路运输，个别采用航空运输。进口设备国际运费计算公式为

$$国际运费（海、陆、空）= 离岸价（FOB）\times 运费率$$

或

$$国际运费（海、陆、空）= 运量 \times 单位运价$$

$$(2-9)$$

式中，运费率或单位运价参照有关部门或进出口公司的规定执行。

（3）国外运输保险费

对外贸易货物运输保险是由保险人（保险公司）与被保险人（出口人或进口人）订立保险契约，在被保险人交付议定的保险费后，保险人根据保险契约的规定对货物在运输过程中发生的承保责任范围内的损失给予经济上的补偿。这是一种财产保险。计算公式：

$$运输保险费 = \frac{原币货价(FOB价)+国外运输费}{1-保险费率}\times 保险费率$$

$$(2-10)$$

式中：保险费率按保险公司规定的进口货物保险费率计算。

（4）银行财务费

一般是指中国银行手续费，可按下式简化计算：

$$银行财务费 = 离岸价（FOB 价）\times 银行财务费率$$

（2-11）

（5）外贸手续费

外贸手续费指委托具有外贸经营权的经贸公司采购而产生的外贸手续费率计取的费用。计算公式：

$$外贸手续费 = 进口设备到岸价 \times 人民币外汇牌价 \times 外贸手续费率$$

（2-12）

$$进口设备到岸价（CIF）= 离岸价（FOB）+ 国外运费 + 国外运输保险费$$

（2-13）

（6）进口关税

关税是由海关对进出国境或关境的货物和物品征收的一种税。计算公式：

$$关税 = 到岸价格（CIF）\times 人民币外汇牌价 \times 进口关税税率$$

（2-14）

到岸价格（CIF）包括离岸价格（FOB）、国际运费、运输保险费，它作为关税完税价格。进口关税税率分为优惠和普通两种。优惠税率适用于与我国签订关税互惠条款的贸易条约或协定的国家的进口设备；普通税率适用于未与我国签订关税互惠条款的贸易条约或协定的国家的进口设备。进口关税税率按我国海关总署发布的进口关税税率计算。

（7）增值税

增值税是对从事进口贸易的单位和个人，在进口商品报关进口后征收的税种。我国增值税条例规定，进口应税产品均按组成计税价格和增值税税率直接计算应纳税额，即：

$$进口产品增值税额 = 组成计税价格 \times 增值税税率$$

（2-15）

$$组成计税价格 = 关税完税价格 + 关税 + 消费税$$

（2-16）

式中：增值税税率根据规定的税率计算。

（8）消费税

对部分进口设备（如轿车、摩托车等）征收，其一般计算公式：

$$应纳消费税 = \frac{到岸价 + 关税}{1 - 消费税税率} \times 消费税税率$$

（2-17）

式中：消费税税率根据规定的税率计算。

（9）海关监管手续费

海关监管手续费指海关对进口减税、免税、保税货物实施监督管理、提供服务的手续费。对全额征收进口关税的货物不计本项费用。计算公式：

$$海关监管手续费 = 到岸价 \times 海关监管手续费率$$

$$(2-18)$$

（10）车辆购置附加费

进口车辆需缴进口车辆购置附加费。其计算公式如下：

$$进口车辆购置附加费 = （到岸价 + 关税 + 消费税 + 增值税）\times 进口车辆购置附加费率$$

$$(2-19)$$

（三）设备运杂费的构成及计算

1. 设备运杂费的构成

设备运杂费通常由下列各项构成：

（1）运费和装卸费

国产设备由设备制造厂交货地点起至工地仓库（或施工组织设计指定的需要安装设备的堆放地点）止所产生的运费和装卸费；进口设备则由我国到岸港口或边境车站起至工地仓库（或施工组织设计指定的需安装设备的堆放地点）止所发生的运费和装卸费。

（2）包装费

在设备原价中未包含的，为运输而进行的包装支出的各种费用。

（3）设备供销部门的手续费

按有关部门规定的统一费率计算。

（4）采购与仓库保管费

采购与仓库保管费指采购、验收、保管和收发设备所产生的各种费用，包括设备采购人员、保管人员和管理人员的工资、工资附加费、办公费、差旅交通费，设备供应部门办公和仓库所占固定资产使用费、工具用具使用费、劳动保护费、检验试验费等。这些费用可按主管部门规定的采购与保管费费率计算。

2. 设备运杂费的计算

设备运杂费按设备原价乘以设备运杂费率计算，其计算公式：

$$设备运杂费 = 设备原价 \times 设备运杂费率$$

$$(2-20)$$

式中：设备运杂费率按各部门及省、市等的规定计取。

二、工具、器具及生产家具购置费的构成

工具、器具及生产家具购置费，是指新建或扩建项目初步设计规定的，保证初期正常生产必须购置的未达到固定资产标准的设备、仪器、工卡模具、器具、生产家具和备品备件等的购置费用。一般以设备费为计算基数，按照部门或行业规定的工具、器具及生产家具费率计算。其计算公式：

$$工器具及生产家具购置费 = 设备购置费 \times 费率$$

$$（2-21）$$

第三节 建筑安装工程费用的构成

一、按构成要素划分

建筑安装工程费按照费用构成要素划分：由人工费、材料（包含工程设备，下同）费、施工机具使用费、企业管理费、利润、规费和税金组成。其中人工费、材料费、施工机具使用费、企业管理费和利润包含在分部分项工程费、措施项目费、其他项目费中。

（一）人工费

人工费是指按工资总额构成规定，支付给从事建筑安装工程施工的生产工人和附属生产单位工人的各项费用。其内容包括：

第一，计时工资或计件工资：按计时工资标准和工作时间或对已做工作按计件单价支付给个人的劳动报酬。

第二，奖金：对超额劳动和增收节支支付给个人的劳动报酬，如节约奖、劳动竞赛奖等。

第三，津贴补贴：为了补偿职工特殊或额外的劳动消耗和因其他特殊原因支付给个人的津贴，以及为了保证职工工资水平不受物价影响支付给个人的物价补贴，如流动施工津贴、特殊地区施工津贴、高温（寒）作业临时津贴、高空津贴等。

第四，加班加点工资：按规定支付的在法定节假日工作的加班工资和在法定日工作时间外延时工作的加点工资。

第五，特殊情况下支付的工资：根据国家法律、法规和政策规定，因病、工伤、产假、

计划生育假、婚丧假、事假、探亲假、定期休假、停工学习、执行国家或社会义务等原因按计时工资标准或计时工资标准的一定比例支付的工资。人工费构成要素计算方法如下：

公式1：

$$人工费 = \sum(工日消耗量 \times 日工资单价)$$

$$日工资单价 = \frac{生产工人平均月工资(计时、计件) + 平均月(奖金 + 津贴补贴 + 特殊情况下支付的工资)}{年平均每月法定工作日}$$

$$（2-22）$$

注：公式1主要适用于施工企业投标报价时自主确定人工费，也是工程造价管理机构编制计价定额确定定额人工单价或发布人工成本信息的参考依据。

公式2：

$$人工费 = \sum(工程工日消耗量 \times 日工资单价)$$

$$（2-23）$$

日工资单价是指施工企业平均技术熟练程度的生产工人在每工作日（国家法定工作时间内）按规定从事施工作业应得的日工资总额。

工程造价管理机构确定日工资单价应通过市场调查、根据工程项目的技术要求，参考实物工程量人工单价综合分析确定，最低日工资单价不得低于工程所在地人力资源和社会保障部门所发布的最低工资标准的：普工1.3倍、一般技工2倍、高级技工3倍。

工程计价定额不可只列一个综合工日单价，应根据工程项目技术要求和工种差别适当划分多种日人工单价，确保各分部工程人工费的合理构成。

注：公式2-23适用于工程造价管理机构编制计价定额时确定定额人工费，是施工企业投标报价的参考依据。

（二）材料费

材料费：施工过程中耗费的原材料、辅助材料、构配件、零件、半成品或成品、工程设备的费用。其内容包括：

第一，材料原价：材料、工程设备的出厂价格或商家供应价格。

第二，运杂费：材料、工程设备自来源地运至工地仓库或指定堆放地点所产生的全部费用。

第三，运输损耗费：材料在运输装卸过程中不可避免的损耗。

第四，采购及保管费：为组织采购、供应和保管材料、工程设备的过程中所需要的各项费用，包括采购费、仓储费、工地保管费、仓储损耗。

工程设备是指构成或计划构成永久工程一部分的机电设备、金属结构设备、仪器装置及其他类似的设备和装置。

材料费构成要素参考计算方法如下：

1. 材料费

$$材料费 = \sum(材料消耗量 \times 材料单价)$$

（2-24）

$$材料单价 = \{（材料原价 + 运杂费）\times [1 + 运输损耗率(\%)]\} \times [1 + 采购保管费率(\%)]$$

（2-25）

2. 工程设备费

$$工程设备费 = \sum(工程设备量 \times 工程设备单价)$$

（2-26）

$$工程设备单价 =（设备原价 + 运杂费）\times [1 + 采购保管费率（\%）]$$

（2-27）

施工机具使用费是指施工作业所发生的施工机械、仪器仪表使用费或其租赁费。

（三）施工机械使用费

施工机械使用费以施工机械台班耗用量乘以施工机械台班单价表示，施工机械台班单价应由下列七项费用组成：

第一，折旧费：施工机械在规定的使用年限内，陆续收回其原值的费用。

第二，大修理费：施工机械按规定的大修理间隔台班进行必要的大修理，以恢复其正常功能所需的费用。

第三，经常修理费：施工机械除大修理以外的各级保养和临时故障排除所需的费用。其包括为保障机械正常运转所需替换设备与随机配备工具附具的摊销和维护费用，机械运转中日常保养所需润滑与擦拭的材料费用及机械停滞期间的维护和保养费用等。

第四，安拆费及场外运费：施工机械（大型机械除外）在现场进行安装与拆卸所需的人工、材料、机械和试运转费用以及机械辅助设施的折旧、搭设、拆除等费用；场外运费指施工机械整体或分体自停放地点运至施工现场或由一施工地点运至另一施工地点的运输、装卸、辅助材料及架线等费用。

第五，人工费：机上司机（司炉）和其他操作人员的人工费。

第六，燃料动力费：施工机械在运转作业中所消耗的各种燃料及水、电费用等。

第七，税费：施工机械按照国家规定应缴纳的车船使用税、保险费及年检费等。

（四）仪器仪表使用费

仪器仪表使用费是指工程施工所需使用的仪器仪表的摊销及维修费用。

施工机具使用费构成要素参考计算方法如下：

1. 施工机械使用费

$$施工机械使用费 = \sum(施工机械台班消耗量 \times 机械台班单价)$$

（2-28）

$$机械台班单价 = 台班折旧费 + 台班大修费 + 台班经常修理费 + 台班安拆费及场外运费$$
$$+ 台班人工费 + 台班燃料动力费 + 台班车船税费$$

（2-29）

注：工程造价管理机构在确定计价定额中的施工机械使用费时，应根据《建筑施工机械台班费用计算规则》结合市场调查编制施工机械台班单价。施工企业可以参考工程造价管理机构发布的台班单价，自主确定施工机械使用费的报价，如租赁施工机械，其公式：施工机械使用费 = $\sum$ （施工机械台班消耗量 × 机械台班租赁单价）。

2. 仪器仪表使用费

$$仪器仪表使用费 = 工程使用的仪器仪表摊销费 + 维修费$$

（2-30）

（五）企业管理费

企业管理费是指建筑安装企业组织施工生产和经营管理所需的费用。其内容包括：

①管理人员工资：按规定支付给管理人员的计时工资、奖金、津贴补贴、加班加点工资及特殊情况下支付的工资等。

②办公费：企业管理办公用的文具、纸张、账表、印刷、邮电、书报、办公软件、现场监控、会议、水电、烧水和集体取暖降温（包括现场临时宿舍取暖降温）等费用。

③差旅交通费：职工因公出差、调动工作的差旅费、住勤补助费，市内交通费和误餐补助费，职工探亲路费，劳动力招募费，职工退休、退职一次性路费，工伤人员就医路费，工地转移费以及管理部门使用的交通工具的油料、燃料等费用。

④固定资产使用费：管理和试验部门及附属生产单位使用的属于固定资产的房屋、设备、仪器等的折旧、大修、维修或租赁费。

⑤工具用具使用费：企业施工生产和管理使用的不属于固定资产的工具、器具、家具、交通工具和检验、试验、测绘、消防用具等的购置、维修和摊销费。

⑥劳动保险和职工福利费：由企业支付的职工退职金、按规定支付给离休干部的经费，集体福利费、夏季防暑降温、冬季取暖补贴、上下班交通补贴等。

⑦劳动保护费：企业按规定发放的劳动保护用品的支出，如工作服、手套、防暑降温饮料以及在有碍身体健康的环境中施工的保健费用等。

⑧检验试验费：施工企业按照有关标准规定，对建筑以及材料、构件和建筑安装物进行一般鉴定、检查所发生的费用，包括自设试验室进行试验所耗用的材料等费用。其不包括新结构、新材料的试验费，对构件做破坏性试验及其他特殊要求检验试验的费用和建设单位委托检测机构进行检测的费用，对此类检测发生的费用，由建设单位在工程建设其他费用中列支。但对施工企业提供的具有合格证明的材料进行检测不合格时，该检测费用由施工企业支付。

⑨工会经费：企业按《工会法》规定的全部职工工资总额比例计提的工会经费。

⑩职工教育经费：按职工工资总额的规定比例计提，企业为职工进行专业技术和职业技能培训，专业技术人员继续教育、职工职业技能鉴定、职业资格认定以及根据需要对职工进行各类文化教育所发生的费用。

⑪财产保险费：施工管理用财产、车辆等的保险费用。

⑫财务费：企业为施工生产筹集资金或提供预付款担保、履约担保、职工工资支付担保等所发生的各种费用。

⑬税金：企业按规定缴纳的房产税、车船使用税、土地使用税、印花税等。

⑭其他：包括技术转让费、技术开发费、投标费、业务招待费、绿化费、广告费、公证费、法律顾问费、审计费、咨询费、保险费等。

企业管理费费率构成要素参考计算方法如下：

1. 以分部分项工程费为计算基础：

$$企业管理费费率（\%）=\frac{生产工人年平均管理费}{年有效施工天数}×人工费占分部分项工程费比例（\%）$$

（2-31）

2. 以人工费和机械费合计为计算基础：

$$企业管理费费率(\%)=\frac{生产工人年平均管理费}{年有效施工天数×(人工单价+每一使用费)}×100\%$$

（2-32）

3. 以人工费为计算基础：

$$企业管理费费率(\%) = \frac{生产工人年平均管理费}{年有效施工天数 \times 人工单价} \times 100\%$$

（2-33）

注：上述公式适用于施工企业投标报价时自主确定管理费，是工程造价管理机构编制计价定额确定企业管理费的参考依据。

工程造价管理机构在确定计价定额中企业管理费时，应以定额人工费或（定额人工费＋定额机械费）作为计算基数，其费率根据历年工程造价积累的资料，辅以调查数据确定，列入分部分项工程和措施项目中。

（六）利润

利润是指施工企业完成所承包工程获得的盈利。

利润构成要素参考计算方法如下：

第一，施工企业根据企业自身需求并结合建筑市场实际自主确定，列入报价中。

第二，工程造价管理机构在确定计价定额中利润时，应以定额人工费或（定额人工费＋定额机械费）作为计算基数，其费率根据历年工程造价积累的资料，并结合建筑市场实际确定，以单位（单项）工程测算，利润在税前建筑安装工程费的比重可按不低于5%且不高于7%的费率计算。利润应列入分部分项工程和措施项目中。

（七）规费

规费是指按国家法律、法规规定，由省级政府和省级有关权力部门规定必须缴纳或计取的费用。其包括：

1. 社会保险费

（1）养老保险费：企业按照规定标准为职工缴纳的基本养老保险费

（2）失业保险费：企业按照规定标准为职工缴纳的失业保险费

（3）医疗保险费：企业按照规定标准为职工缴纳的基本医疗保险费

（4）生育保险费：企业按照规定标准为职工缴纳的生育保险费

（5）工伤保险费：企业按照规定标准为职工缴纳的工伤保险费

2. 住房公积金

企业按规定标准为职工缴纳的住房公积金。

3. 工程排污费

按规定缴纳的施工现场工程排污费。

其他应列而未列入的规费，按实际产生计取。

规费构成要素参考计算方法如下：

（1）社会保险费和住房公积金

社会保险费和住房公积金应以定额人工费为计算基础，根据工程所在地省、自治区、直辖市或行业建设主管部门规定费率计算。

$$社会保险费和住房公积金 = \sum（工程定额人工费 \times 社会保险费和住房公积金费率）$$

$$（2-34）$$

式中，社会保险费和住房公积金费率可以每万元发承包价的生产工人人工费和管理人员工资含量与工程所在地规定的缴纳标准综合分析取定。

（2）工程排污费

工程排污费等其他应列而未列入的规费应按工程所在地环境保护等部门规定的标准缴纳，按实计取列入。

（八）税金

税金是指国家税法规定的应计入建筑安装工程造价内的营业税、城市维护建设税、教育费附加以及地方教育附加。

税金构成要素参考计算方法如下：

税金计算公式：

$$税金 = 税前造价 \times 综合税率（\%）$$

$$（2-35）$$

综合税率：

1. 纳税地点在市区的企业

$$综合税率(\%) = \frac{1}{1 - 3\% - (3\% \times 7\%) - (3\% \times 3\%) - (3\% \times 2\%)} - 1$$

$$（2-36）$$

2. 纳税地点在县城、镇的企业

$$综合税率(\%) = \frac{1}{1 - 3\% - (3\% \times 5\%) - (3\% \times 3\%) - (3\% \times 2\%)} - 1$$

$$（2-37）$$

3. 纳税地点不在市区、县城、镇的企业

$$综合税率(\%) = \frac{1}{1 - 3\% - (3\% \times 1\%) - (3\% \times 3\%) - (3\% \times 2\%)} - 1$$

$$(2\text{-}38)$$

4. 实行营业税改增值税的，按纳税地点现行税率计算

二、按工程造价形成划分

建筑安装工程费按照工程造价形成由分部分项工程费、措施项目费、其他项目费、规费、税金组成，分部分项工程费、措施项目费、其他项目费包含人工费、材料费、施工机具使用费、企业管理费和利润。

（一）分部分项工程费

分部分项工程费是指各专业工程的分部分项工程应予列支的各项费用。

1. 专业工程

按现行国家计量规范划分的房屋建筑与装饰工程、仿古建筑工程、通用安装工程、市政工程、园林绿化工程、矿山工程、构筑物工程、城市轨道交通工程、爆破工程等各类工程。

2. 分部分项工程

按现行国家计量规范对各专业工程划分的项目，如房屋建筑与装饰工程划分的土石方工程、地基处理与桩基工程、砌筑工程、钢筋及钢筋混凝土工程等。

各类专业工程的分部分项工程划分见现行国家或行业计量规范。

分部分项工程费计价参考公式如下：

$$分部分项工程费 = \sum （分部分项工程量 \times 综合单价）$$

$$(2\text{-}39)$$

式中，综合单价包括人工费、材料费、施工机具使用费、企业管理费和利润以及一定范围的风险费用（下同）。

（二）措施项目费

措施项目费是指为完成建设工程施工，产生于该工程施工前和施工过程中的技术、生活、安全、环境保护等方面的费用。其内容包括：

1. 安全文明施工费

（1）环境保护费：施工现场为达到环保部门要求所需要的各项费用。

（2）文明施工费：施工现场文明施工所需要的各项费用。

（3）安全施工费：施工现场安全施工所需要的各项费用。

（4）临时设施费：施工企业为进行建设工程施工所必须搭设的生活和生产用的临时建筑物、构筑物和其他临时设施费用。其包括临时设施的搭设、维修、拆除、清理费或摊销费等。

2.夜间施工增加费

因夜间施工所产生的夜班补助费、夜间施工降效、夜间施工照明设备摊销及照明用电等费用。

3.二次搬运费

因施工场地条件限制而产生的材料、构配件、半成品等一次运输不能到达堆放地点，必须进行二次或多次搬运而发生的费用。

4.冬雨季施工增加费

在冬季或雨季施工需增加的临时设施、防滑、排除雨雪，人工及施工机械效率降低等费用。

5.已完工程及设备保护费

竣工验收前，对已完工程及设备采取的必要保护措施所产生的费用。

6.工程定位复测费

工程施工过程中进行全部施工测量放线和复测工作的费用。

7.特殊地区施工增加费

工程在沙漠或其边缘地区、高海拔、高寒、原始森林等特殊地区施工增加的费用。

8.大型机械设备进出场及安拆费

机械整体或分体自停放场地运至施工现场或由一个施工地点运至另一个施工地点，所产生的机械进出场运输及转移费用及机械在施工现场进行安装、拆卸所需的人工费、材料费、机械费、试运转费和安装所需的辅助设施的费用。

9.脚手架工程费

施工需要的各种脚手架搭、拆、运输费用以及脚手架购置费的摊销（或租赁）费用。

措施项目费计价参考公式如下：

第一，国家计量规范规定应予计量的措施项目计算公式

$$措施项目费 = \sum（措施项目工程量 \times 综合单价）$$

（2-40）

第二，国家计量规范规定不宜计量的措施项目计算方法

（1）安全文明施工费

$$安全文明施工费 = 计算基数 \times 安全文明施工费费率（\%）$$

$$(2-41)$$

计算基数应为定额基价（定额分部分项工程费＋定额中可以计量的措施项目费）、定额人工费或（定额人工费＋定额机械费），其费率由工程造价管理机构根据各专业工程的特点综合确定。

（2）夜间施工增加费

$$夜间施工增加费 = 计算基数 \times 夜间施工增加费费率（\%）$$

$$(2-42)$$

（3）二次搬运费

$$二次搬运费 = 计算基数 \times 二次搬运费费率（\%）$$

$$(2-43)$$

（4）冬雨季施工增加费

$$冬雨季施工增加费 = 计算基数 \times 冬雨季施工增加费费率（\%）$$

$$(2-44)$$

（5）已完工程及设备保护费

$$已完工程及设备保护费 = 计算基数 \times 已完工程及设备保护费费率（\%）$$

$$(2-45)$$

上述（2）～（5）项措施项目的计费基数应为定额人工费或（定额人工费＋定额机械费），其费率由工程造价管理机构根据各专业工程特点和调查资料综合分析后确定。

（三）其他项目费

1. 暂列金额

建设单位在工程量清单中暂定并包括在工程合同价款中的一笔款项。用于施工合同签订时尚未确定或者不可预见的所需材料、工程设备、服务的采购，施工中可能发生的工程变更、合同约定调整因素出现时的工程价款调整以及发生的索赔、现场签证确认等的费用。

2. 计日工

在施工过程中，施工企业完成建设单位提出的施工图纸以外的零星项目或工作所需的费用。

3. 总承包服务费

总承包人为配合、协调建设单位进行的专业工程发包，对建设单位自行采购的材料、工程设备等进行保管以及施工现场管理、竣工资料汇总整理等服务所需的费用。

其他项目费计价参考公式如下：

第一，暂列金额由建设单位根据工程特点，按有关计价规定估算，施工过程中由建设单位掌握使用、扣除合同价款调整后如有余额，归建设单位。

第二，计日工由建设单位和施工企业按施工过程中的签证计价。

第三，总承包服务费由建设单位在招标控制价中根据总承包服务范围和有关计价规定编制，施工企业投标时自主报价，施工过程中按签约合同价执行。

第四节　工程建设其他费用的构成

一、固定资产其他费用

（一）建设管理费

建设管理费是指建设单位从项目筹建开始直至工程竣工验收合格或交付使用为止产生的项目建设管理费用。费用内容包括：

1. 建设单位管理费

建设单位发生的管理性质的开支。其包括工作人员工资、工资性补贴、施工现场津贴、职工福利费、住房基金、基本养老保险、基本医疗保险费、失业保险费、工伤保险费、办公费、差旅交通费、劳动保护费、工具用具使用费、固定资产使用费、必要的办公及生活用品购置费、必要的通信设备及交通工具购置费、零星固定资产购置费、招募生产工人费、技术图书资料费、业务招待费、设计审查费、工程招标费、合同契约公证费、法律顾问费、咨询费、完工清理费、竣工验收费、印花税和其他管理性质开支。

2. 工程监理费

建设单位委托工程监理单位实施工程监理的费用。

3. 工程质量监督费

工程质量监督检验部门检验工程质量而收取的费用。

4. 招标代理费

建设单位委托招标代理单位进行工程、设备材料和服务招标支付的服务费用。

5. 工程造价咨询费

建设单位委托具有相应资质的工程造价咨询企业代为进行工程建设项目的投资估算、设计概算、施工图预算、标底或招标控制价、工程结算等或进行工程建设全过程造价控制与管理所产生的费用。

6. 建设单位租用建设项目

土地使用权在建设期支付的租地费用。

（二）可行性研究费

可行性研究费是指在建设项目前期工作中，编制和评估项目建议书（或预可行性研究报告）、可行性研究报告所需的费用。

（三）研究试验费

研究试验费是指为本建设项目提供或验证设计数据、资料等进行必要的研究试验及按照设计规定在建设过程中必须进行试验、验证所需的费用。

（四）勘察设计费

勘察设计费是指委托勘察设计单位进行工程水文地质勘察、工程设计所产生的各项费用。其包括工程勘察费、初步设计费（基础设计费）、施工图设计费（详细设计费）、设计模型制作费。

（五）环境影响评价费

环境影响评价费是指按照《中华人民共和国环境保护法》《中华人民共和国环境影响评价法》等规定，为全面、详细评价本建设项目对环境可能产生的污染或造成的重大影响所需的费用。其包括编制环境影响报告书（含大纲）、环境影响报告表和评估环境影响报告书（含大纲）、评估环境影响报告表等所需的费用。

（六）劳动安全卫生评价费

劳动安全卫生评价费是指按照劳动部《建设项目（工程）劳动安全卫生监察规定》和《建设项目（工程）劳动安全卫生预评价管理办法》的规定，为预测和分析建设项目存在的职业危险、危害因素的种类和危险危害程度，并提出先进、科学、合理可行的劳动安全卫生技术和管理对策所需的费用。其包括编制建设项目劳动安全卫生预评价大纲和劳动安全卫生预评价报告书，以及为编制上述文件所进行的工程分析和环境现状调查等所需费用。

（七）场地准备及临时设施费

场地准备及临时设施费是指建设场地准备费和建设单位临时设施费。

1.场地准备费

建设项目为达到工程开工条件所发生的场地平整和对建设场地余留的有碍于施工建设的设施进行拆除清理的费用。

2.临时设施费

为满足施工建设需要而供应到场地界区的、未列入工程费用的临时水、电、路、通信、气等其他工程费用和建设单位的现场临时建（构）筑物的搭设、维修、拆除、摊销或建设期间租赁费用，以及施工期间专用公路养护费、维修费。

（八）引进技术和引进设备其他费

引进技术和引进设备其他费是指引进技术和设备发生的未计入设备费的费用，其内容包括：

第一，引进项目图纸资料翻译复制费、备品备件测绘费。

第二，出国人员费用，包括买方人员出国设计联络、出国考察、联合设计、监造、培训等所产生的旅费、生活费等。

第三，来华人员费用，包括卖方来华工程技术人员的现场办公费用、往返现场交通费用、接待费用等。

第四，银行担保及承诺费，指引进项目由国内外金融机构出面承担风险和责任担保所产生的费用，以及支付贷款机构的承诺费用。

（九）工程保险费

工程保险费是指建设项目在建设期间根据需要对建筑工程、安装工程、机器设备和人身安全进行投保而产生的保险费用。其包括建筑安装工程一切险、引进设备财产保险和人身意外伤害险等。

（十）联合试运转费

联合试运转费是指新建项目或新增加生产能力的工程，在交付生产前按照批准的设计文件所规定的工程质量标准和技术要求，进行整个生产线或装置的负荷联合试运转或局部联动试车所发生的费用净支出（试运转支出大于收入的差额部分费用）。试用转支出包括试运转所需原材料、燃料及动力消耗、低值易耗品、其他物料消耗、工具用具使用费、机械使用费、保险金、施工单位参加试运转人员工资以及专家指导费等；试运转收入包括试运转期间的产品销售收入和其他收入。

（十一）特殊设备安全监督检验费

特殊设备安全监督检验费是指在施工现场组装的锅炉及压力容器、压力管道、消防设备、燃气设备、电梯等特殊设备核设施，由安全监察部门按照有关安全检查条例和实施细则以及设计技术要求进行安全检验，应由建设项目支付的、向安全监察部门缴纳的费用。

（十二）市政公用设施费

市政公用设施费是指使用市政公用设施的建设项目，按照项目所在地省一级人民政府有关规定建设或缴纳的市政公用设施建设配套费用，以及绿化工程补偿费用。

二、形成无形资产费用

（一）建设用地费

建设用地费是指按照《中华人民共和国土地管理法》等规定，建设项目征用土地或租用土地应支付的费用。

1. 土地征用及补偿费

经营性建设项目通过出让方式购置的土地使用权（或建设项目通过划拨方式取得无限期的土地使用权）而支付的土地补偿费、安置补偿费、地上附着物和青苗补偿费、余物迁建补偿费、土地登记管理费等；行政事业单位的建设项目通过出让方式取得土地使用权而支付的出让金；建设单位在建设过程中产生的土地复垦费用和土地损失补偿费用；建设期间临时占地补偿费。

2. 征用耕地按规定一次性缴纳的耕地占用税

征用城镇土地在建设期间按规定每年缴纳的城镇土地使用税；征用城市郊区菜地按规定缴纳的新菜地开发建设基金。

（二）专利及专有技术使用费

包括：

第一，国外设计及技术资料费、引进有效专利、专有技术使用费和技术保密费。

第二，国内有效专利、专有技术使用费用。

第三，商标权、商誉和特许经营权费等。

三、形成其他资产费用（递延资产）

形成其他资产费用（递延资产）的有生产准备及开办费，是指建设项目为保证正常生产（或营业、使用）而产生的人员培训费、提前进场费以及投产使用必备的生产办公、生活家具用具及工器具等购置费用。其包括：

第一，人员培训费及提前进厂费。自行组织培训或委托其他单位培训的人员工资、工资性补贴、职工福利费、差旅交通费、劳动保护费、学习资料费等。

第二，为保证初期正常生产（或营业、使用）所必需的生产办公、生活家具用具购置费。

第三，为保证初期正常生产（或营业、使用）必需的第一套不够固定资产标准的生产工具、器具、用具购置费，不包括备品备件费。

一些具有明显行业特征的工程建设其他费用项目，如移民安置费、水资源费、水土保持评价费、地震安全性评价费、地质灾害危险性评价费、河道占用补偿费、超限设备运输特殊措施费、航道维护费、植被恢复费、种质检测费、引种测试费等，在一般建设项目很少产生，各省（自治区、直辖市）、各部门有补充规定或具体项目产生时依据有关政策规定列入。

第五节 预备费、建设期贷款利息

一、预备费

按我国现行规定，预备费包括基本预备费和价差预备费两种。

（一）基本预备费

基本预备费是指在投资估算或设计概算内难以预料的工程费用，费用内容包括：

第一，在批准的初步设计范围内，技术设计、施工图设计及施工过程中所增加的工程费用；设计变更、局部地基处理等增加的费用。

第二，一般自然灾害造成的损失和预防自然灾害所采取的措施费用。实行工程保险的工程项目费用应适当降低。

第三，竣工验收时为鉴定工程质量，对隐蔽工程进行必要的挖掘和修复费用。

第四，超长、超宽、超重引起的运输增加费用等。

基本预备费估算，一般是以建设项目的工程费用和工程建设其他费用之和为基础，乘以基本预备费率进行计算。基本预备费率的大小，应根据建设项目的设计阶段和具体的设计深度，以及在估算中所采用的各项估算指标与设计内容的贴近度、项目所属行业主管部门的具体规定确定。

（二）价差预备费

价差预备费是指建设项目建设期间，由于价格等变化引起工程造价变化的预测预留费用。费用内容包括：人工、设备、材料、施工机械的价差费，建筑安装工程费及工程建设其他费用调整、利率、汇率调整等增加的费用。

价差预备费的测算，一般根据国家规定的投资综合价格指数，按估算年份价格水平的投资额为基数，根据价格变动趋势，预测价值上涨率，采用复利方法计算。

二、建设期贷款利息

建设期贷款利息指在项目建设期发生的支付银行贷款、出口信贷、债券等的借款利息和融资费用。大多数的建设项目都会利用贷款来解决自有资金的不足，以完成项目的建设，从而达到项目运行获取利润的目的。利用贷款必须支付利息和各种融资费用，所以，在建设期支付的货款利息也构成了项目投资的一部分。

建设期贷款利息的估算，根据建设期资金用款计划，可按当年借款在当年年中支用考虑，即当年借款接半年计息，上年借款按全年计息。利用国外贷款的利息计算中，年利率应综合考虑贷款协议中向贷款方加收的手续费、管理费、承诺费；以及国内代理机构向货款方收取的转贷费、担保费和管理费等。

第三章　建设项目投资决策阶段工程造价管理

第一节　建设项目投资决策阶段的工作内容

一、项目策划

项目策划是一种具有建设性、逻辑性的思维过程，在此过程中，目的就是把所有可能影响决策的决定总结起来，对未来起到指导和控制作用，最终借以达到方案目标。它是一门新兴的策划学，以具体的项目活动为对象，体现一定的功利性、社会性、创造性、时效性和超前性的大型策划活动。

项目策划是项目发掘、论证、包装、推介、开发、运营全过程的一揽子计划。项目的实施成功与否，除其他条件外，首要的一点就是所策划的项目是否具有足够吸引力来吸引资本的投入。项目策划的目的是建立并维护用以确定项目活动的计划。

（一）项目策划的主要内容

项目策划阶段的主要活动包括：确定项目目标和范围；定义项目阶段、里程碑；估算项目规模、成本、时间、资源；建立项目组织结构；项目工作结构分解；识别项目风险；制订项目综合计划。项目计划是提供执行及控制项目活动的基础，以完成对项目客户的承诺。项目策划一般是在需求明确后制定的，项目策划是对项目进行全面的策划，它的输出就是"项目综合计划"。

（二）项目策划的特点

策划是一种程序，在本质上是一种运用脑力的理性行为。策划是以人类的实践活动为发展条件，以人类的智能创造为动力，随着人类的实践活动的逐步发展与智能水平的超越发展起来的，策划水平直接体现了社会的发展水平。

项目策划是一门新兴的策划学，是以具体的项目活动为对象，体现一定的功利性、社会性、创造性、时效性的大型策划活动。

1. 功利性

项目策划的功利性是指策划能给策划方带来经济上的满足或愉悦。功利性也是项目策划要实现的目标，是策划的基本功能之一。项目策划的一个重要作用，就是使策划主体更好地得到实际利益。

项目策划的主体不同，策划主题不一，策划的目标也随之有差异，即项目策划的功利性又分为长远之利、眼前之利、钱财之利、实物之利、发展之利、权利之利、享乐之利等。在项目策划的实践中，应力求争取获得更多的功利。

2. 社会性

项目策划要依据国家、地区的具体实情来进行，它不仅注重本身的经济效益，更应关注它的社会效益，经济效益与社会效益两者的有机结合才是项目策划的功利性的真正意义所在。因此，项目策划要体现一定的社会性，只有这样，才能为更多的受众所接受。

3. 创造性

项目策划作为一门新兴的策划学，也应该具备策划学的共性——创造性。

提高策划的创造性，要从策划者的想象力与灵感思维入手，努力提高这两方面的能力。创造需要丰富的想象力，需要创造性的思维。创造性的思维方式，是一种高级的人脑活动过程，需要有广泛、敏锐、深刻的觉察力，丰富的想象力，活跃、丰富的灵感，渊博的知识底蕴，只有这样，才能把知识化成智慧，使之成为策划活动的智慧能源。创造性的思维，是策划活动创造性的基础，是策划生命力的体现，没有创造性的思维，项目策划活动的创造性就无从谈起。

4. 超前性

一项策划活动的制作完成，必须预测未来行为的影响及其结果，必须对未来的各种发展、变化的趋势进行预测，必须对所策划的结果进行事前事后评估。项目策划的目的就是"双赢"策略，委托策划方达到最佳满意，策划方获得用货币来衡量的思维成果，因此，策划方肩负着重要的任务，要想达到预期的目标，必须满足策划的超前性。项目策划要具有超前性，必须经过深入的调查研究。要使项目策划科学、准确，必须深入调查，获取大量真实全面的信息资料，必须对这些信息进行去粗取精，去伪存真，由表及里，分析其内在的本质。超前性是项目策划的重要特性，在实践中运用得当，可以有力地引导将来的工作进程，达到策划的初衷。

二、编制项目建议书

项目建议书是拟建项目单位向国家提出的要求建设某一项目的建议文件，是对工程项目建设的轮廓设想。项目建议书的内容视项目的不同而有繁有简，但一般应包括以下几方面内容：

（1）项目提出的必要性和依据。

（2）产品方案、拟建规模和建设地点的初步设想。

（3）资源情况、建设条件、协作关系和设备技术引进国别、厂商的初步分析。

（4）投资估算、资金筹措及还贷方案设想。

（5）项目进度安排。

（6）经济效益和社会效益的初步估计。

（7）环境影响的初步评价。

对于政府投资项目，项目建议书按要求编制完成后，应根据建设规模和限额划分分别报送有关部门审批。

三、项目的可行性

可行性研究是指对某工程项目在做出是否投资的决策之前，先对与该项目有关的技术、经济、社会、环境等所有方面进行调查研究，对项目各种可能的拟建方案认真地进行技术经济分析论证，研究项目在技术上的先进适用性，在经济上的合理性和建设上的可能性，对项目建成投产后的经济效益、社会效益、环境效益等进行科学的预测和评价，据此提出项目是否应该投资建设以及选定最佳投资建设方案等结论性意见，为项目投资决策部门提供决策的依据。

可行性研究广泛应用于新建、改建和扩建项目。在项目投资决策之前，通过做好可行性研究，使项目的投资决策工作建立在科学性和可靠性的基础之上，从而实现项目投资决策科学化，减少和避免投资决策的失误，提高项目投资的经济效益。

（一）可行性研究的作用

可行性研究是项目建设前期工作的重要组成部分，其作用体现在以下几个方面：

1. 可行性研究是建设项目投资决策的依据

由于可行性研究对与建设项目有关的各个方面都进行了调查研究和分析，并以大量数据论证了项目的先进性、合理性、经济性以及其他方面的可行性，所以可行性研究成为建设项目投资决策的首要环节，项目投资者主要根据项目可行性研究的评价结果，并结合国家的财政经济条件和国民经济发展的需要，做出此项目是否应该投资和如何进行投资的决定。

2. 可行性研究是项目筹集资金和向银行申请贷款的依据

银行通过审查项目可行性研究报告，确认项目的经济效益水平和偿还能力，在不承担过大风险时，银行才可能同意贷款。这对合理利用资金，提高投资的经济效益具有积极作用。

3. 可行性研究是项目科研试验、机构设置、职工培训、生产组织的依据

根据批准的可行性研究报告,进行与建设项目有关的科研试验,设置相宜的组织机构,进行职工培训以及合理的组织生产等工作安排。

4. 可行性研究是向当地政府、规划部门、环境保护部门申请建设执照的依据

可行性研究报告经审查,符合市政当局的规定或经济立法,对污染处理得当,不造成环境污染时,才能发给建设执照。

5. 可行性研究是项目建设的基础资料

建设项目的可行性研究报告,是项目建设的重要基础资料。项目建设过程中的技术性更改,应认真分析其对项目经济效益指标的影响程度。

6. 可行性研究是项目考核的依据

建设项目竣工,正式投产后的生产考核,应以可行性研究所制定的生产纲领、技术标准以及经济效果指标作为考核标准。

(二)可行性研究的目的

建设项目的可行性研究是项目进行投资决策和建设的基本先决条件和主要依据,可行性研究的主要目的可概括为以下几点:

1. 避免错误的项目投资决策

由于科学技术、经济和管理科学发展很快,市场竞争激烈,客观要求在进行项目投资决策之前做出准确无误的判断,避免错误的项目投资。

2. 减小项目的风险

现代化的建设项目规模大、投资额巨大,如果轻易做出投资决策,一旦遭到风险,损失太大。通过可行性研究中的风险分析,了解项目风险的程度,为项目决策提供依据。

3. 避免项目方案多变

建设项目的可选方案很多,通过可行性研究,确定项目方案。方案的可靠性、稳定性是非常重要的,因为项目方案的多变必然会造成人力、物力、财力的巨大浪费和时间的延误,这将大大影响建设项目的经济效益。

4. 保证项目不超支、不延误

通过项目可行性研究,确定项目的投资估算和建设工期,可以使项目在估算的投资额范围以内和预定的建设期限以内竣工交付使用,保证项目不超支、不延误。

5. 掌握项目可变因素

在项目可行性研究中，一般要分析影响项目经济效果变化的因素。通过项目可行性研究，对项目在建设过程中或项目竣工后，可能出现的相关因素的变化后果，做到心中有数。

6. 达到投资的最佳经济效果

由于投资者往往不满足于一定的资金利润率，要求在多个可能的投资方案中优选最佳方案。可行性研究为投资者提供了方案比较、优选的依据，达到投资的最佳经济效果。

（三）可行性研究的阶段划分

项目可行性研究工作分为投资机会研究、初步可行性研究、详细可行性研究三个阶段。各个研究阶段的目的、任务、要求以及所需费用和时间各不相同，其研究的深度和可靠程度也不同。可行性研究工作是由建设部门或建设单位委托设计单位或工程咨询公司承担。

（四）可行性研究的工作程序

建设项目可行性研究的工作程序从项目建议书开始，到最后的可行性研究报告的审批，其过程包括很多环节。

（五）可行性研究的内容

建设项目可行性研究的内容，是指与项目有关的各个方面分析论证其可行性，包括建设项目在技术上、财务上、经济上、管理上等方面的可行性。可行性研究报告的内容可概括为三大部分：第一部分是市场研究，包括产品的市场调查和预测研究，是项目可行性研究的前提和基础，其主要任务是要解决项目的"必要性"问题；第二部分是技术研究，即技术方案和建设条件研究，是项目可行性研究的技术基础，它要解决项目在技术上的"可行性"问题；第三部分是效益研究，即项目经济效益的分析和评价，是项目可行性研究的核心部分，主要解决项目在经济上的"合理性"问题。市场研究、技术研究和效益研究共同构成项目可行性研究的三大支柱，其中经济评价是可行性研究的核心。

具体来说，一般工业建设项目可行性研究包括以下内容：

1. 总论

总论主要说明项目提出的背景（改扩建项目要说明企业现有概况），投资的必要性和经济意义，可行性研究的依据和范围。

2. 市场需求预测和拟建规模

市场需求预测是建设项目可行性研究的重要环节，通过市场调查和预测，了解市场对项目产品的需求程度和发展趋势。

（1）项目产品在国内外市场的供需情况。通过市场调查和预测，摸清市场对该项目产品的目前和将来的需要品种、质量、数量以及当前的生产供应情况。

（2）项目产品的竞争和价格变化趋势。摸清目前项目产品的竞争情况和竞争发展趋势，各厂家在竞争中所采取的手段、措施等。同时应注意预测可能出现的产品最低销售价格，由此确定项目产品的允许成本，这关系到项目的生产规模、设备选择、协作情况等。

（3）影响市场渗透的因素。影响市场渗透的因素很多，如销售组织、销售策略、销售服务、广告宣传、推销技巧、价格政策等，必须逐一摸清，从而采取相宜的销售渗透形式、政策和策略。

（4）估计项目产品的渗透程度和生命力。在综合研究分析以上情况的基础上，对拟建项目的产品可能达到的渗透程度及其发展变化趋势、现在和将来的销售量以及产品的生命力做出估计，并了解进入国际市场的前景。

3. 资源、原材料、燃料、电及公用设施条件

研究资源储量、品位、成分以及开采利用条件；原料、辅助材料、燃料、电和其他输入品的种类、数量、质量、单价、来源和供应的可能性；所需公共设施的数量、供应方式和供应条件。

4. 项目建设条件和项目位置选择

调查项目建设的地理位置、气象、水文、地质、地形条件和社会经济现状，分析交通、运输及水、电、气的现状和发展趋势。对项目位置进行多方案比较，并提出选择性意见。

5. 项目设计方案

确定项目的构成范围、技术来源和生产方法、主要技术工艺和设备选型方案的比较，引进技术、设备的来源、国别，与外商合作制造设备的设想。改扩建项目要说明对原有固定资产的利用情况。项目布置方案的初步选择和土建工程量估算。公用辅助设施和项目内外交通运输方式的比较和初步选择。

6. 环境保护

调查环境现状，预测项目对环境的影响，提出环境保护和"三废"治理的初步方案。

7. 生产组织管理、机构设置、劳动定员、职工培训

可行性研究在确定企业的生产组织形式和管理系统时，应根据生产纲领、工艺流程来组织相宜的生产车间和职能机构，保证合理地完成产品的加工制造、储存、运输、销售等各项工作，并根据对生产技术和管理水平的需要，来确定所需的各类人员和培训方案。

8. 项目的施工计划和进度要求

根据勘察设计、设备制造、工程施工、安装、试生产所需时间与进度要求，选择项

目实施方案和总进度，并用横道图和网络图来表述最佳实施方案。

9. 投资估算和资金筹措

投资估算包括项目总投资估算，主体工程及辅助、配套工程的估算以及流动资金的估算；资金筹措应说明资金来源、筹措方式、各种资金来源所占的比例、资金成本及贷款的偿还方式。

10. 项目的经济评价

项目的经济评价包括财务评价和国民经济评价，通过有关指标的计算，进行项目盈利能力、偿债能力等分析，得出经济评价结论。

11. 综合评价与结论、建议

运用各项数据，从技术、经济、社会、财务等各个方面综合论述项目的可行性，推荐一个或几个方案供决策参考，并提出项目存在的问题、改进建议和结论性意见。

（六）可行性研究的编制依据和要求

1. 可行性研究的编制依据

编制建设项目可行性研究报告的主要依据有：

（1）国民经济发展的长远规划，国家经济建设的方针、任务和技术经济政策

按照国民经济发展的长远规划、经济建设的方针和政策及地区和部门发展规划，确定项目的投资方向和规模，提出需要进行可行性研究的项目建议书。在宏观投资意向的控制下安排微观的投资项目，并结合市场需求，有计划地统筹安排好各地区、各部门与企业的产品生产和协作配套。

（2）项目建议书和委托单位的要求

项目建议书是做好各项准备工作和进行可行性研究的重要依据，只有经国家计划部门同意，并列入建设前期工作计划后，方可开展可行性研究的各项工作。建设单位在委托可行性研究任务时，应向承担可行性研究工作的单位，提出对建设项目的目标和要求，并说明有关市场、原料、资金来源以及工作范围等情况。

（3）有关的基础数据资料

进行项目位置选择、工程设计、技术经济分析需要可靠的自然、地理、气象、水文、地质、社会、经济等基础数据资料以及交通运输与环境保护资料。

（4）有关工程技术经济方面的规范、标准、定额

国家正式颁布的技术法规和技术标准以及有关工程技术经济方面的规范、标准、定额等，都是考察项目技术方案的基本依据。

（5）国家或有关主管部门颁发的有关项目经济评价的基本参数和指标

国家或有关主管部门颁发的有关项目经济评价的基本参数主要有基准收益率、社会折现率、固定资产折旧率、汇率、价格水平、工资标准、同类项目的生产成本等，采用的指标有盈利能力指标、偿债能力指标等，这些参数和指标都是进行项目经济评价的基准和依据。

2. 可行性研究的编制要求

（1）编制单位必须具备承担可行性研究的条件

项目可行性研究报告的内容涉及面广，并且有一定的深度要求。因此，编制单位必须是具备一定的技术力量、技术装备、技术手段和相当实践经验等条件的工程咨询公司、设计院及专门单位。参加可行性研究的成员应由工业经济专家、市场分析专家、工程技术人员、机械工程师、土木工程师、企业管理人员、造价工程师、财会人员等组成。

（2）确保可行性研究报告的真实性和科学性

可行性研究工作是一项技术性、经济性、政策性很强的工作，要求编制单位必须保持独立性和公正性，在调查研究的基础上，按客观实际情况实事求是地进行技术经济论证、技术方案比较和优选，切忌主观臆断、行政干预、划框框、定调子，保证可行性研究的严肃性、客观性、真实性、科学性和可靠性，确保可行性研究的质量。

（3）可行性研究的内容和深度要规范化和标准化

不同行业、不同项目的可行性研究内容和深度可以各有侧重和区别，但其基本内容要完整，文件要齐全，研究深度要达到国家规定的标准，按照国家计委颁布的有关文件的要求进行编制，以满足投资决策的要求。

（4）可行性研究报告必须签字与审批

可行性研究报告编完之后，应由编制单位的行政、技术、经济方面的负责人签字，并对研究报告的质量负责。另外，还必须上报主管部门审批。

四、项目投资决策审批制度

（一）政府投资项目

①对于采用直接投资和资本金注入方式的政府投资项目，政府需要从投资决策的角度审批项目建议书和可行性研究报告，除特殊情况外不再审批开工报告，同时还要严格审批其初步设计和概算；②对于采用投资补助、转贷和贷款贴息方式的政府投资项目，则只审批资金申请报告。

（二）非政府投资项目

对于企业不使用政府资金投资建设的项目，政府不再进行投资决策性质的审批，区别不同情况实行核准制或登记备案制。

（1）核准制

企业投资建设《政府核准的投资项目目录》中的项目时，仅须向政府提交项目申请报告，不再经过批准项目建议书、可行性研究报告和开工报告的程序。

（2）备案制

对于《政府核准的投资项目目录》以外的企业投资项目，实行备案制。除国家另有规定外，由企业按照属地原则向地方政府投资主管部门备案。

第二节　建设项目投资估算

一、建设项目投资估算的基本概念

投资估算是指在投资决策过程中，依据现有的资源和一定的方法，对建设项目未来发生的全部费用进行预测和估算。建设项目投资估算的准确性直接影响到项目的投资方案、基建规模、工程设计方案、投资经济效果，并直接影响到项目建设能否顺利进行。

（一）建设项目投资估算的作用

1. 项目建议书阶段的投资估算，是项目主管部门审批项目建议书的依据之一，并对项目的规划、规模起参考作用。

2. 项目可行性研究阶段的投资估算，是项目投资决策的重要依据，也是研究、分析、计算项目投资经济效果的重要条件。当可行性研究报告被批准之后，其投资估算额就作为设计任务中下达的投资限额，即作为建设项目投资的最高限额，不得随意突破。

3. 项目投资估算对工程设计概算起控制作用，设计概算不得突破批准的投资估算额，并应控制在投资估算额以内。

4. 项目投资估算可作为项目资金筹措及制订建设贷款计划的依据，建设单位可根据批准的投资估算额，进行资金筹措和向银行申请贷款。

5. 项目投资估算是核算建设项目固定资产投资需要额和编制固定资产投资计划的重要依据。

6. 项目投资估算是进行工程设计招标、优选设计单位和设计方案的依据。在进行工程设计招标时，投标单位报送的标书中，除了具有设计方案的图纸说明、建设工期等之外，还应当包括项目的投资估算和经济性分析，以便衡量设计方案的经济合理性。

7. 项目投资估算是实行工程限额设计的依据。实行工程限额设计，要求设计者必须在一定的投资额范围内确定设计方案，以便控制项目建设和装饰的标准。

（二）投资估算的阶段划分与精度要求

在做初步设计之前的投资决策过程可分为项目规划阶段、项目建议书阶段、初步可行性研究阶段、详细可行性研究阶段、评估审查阶段、设计任务书阶段。不同阶段所掌握的资料和具备的条件不同，因而投资估算的准确程度不同，所起的作用也不同。

（三）投资估算的内容

根据工程造价的构成，建设项目的投资估算包括资产投资估算和流动资金估算。固定资产投资估算包括静态投资估算和动态投资估算。按照费用的性质划分，静态投资包括设备及工器具购置费、建筑安装工程费用、工程建设其他费用及基本预备费。动态投资则是在静态投资基础上加上建设期贷款利息、涨价预备费及固定资产投资方向调节税。

根据国家现行规定，新建、扩建和技术改造项目，必须将项目建成投产后所需的流动资金列入投资计划，流动资金不落实的，国家不予批准立项，银行不予贷款。

二、固定资产投资估算的编制方法

（一）静态固定资产投资估算

固定资产投资估算的编制方法很多，各有其适用条件和范围，而且其精度也各不相同。估算时应根据项目的性质，现有的技术经济资料和数据的具体情况，选用适宜的估算方法。其主要估算方法有以下几种：

1. 生产规模指数估算法

生产规模指数估算法是利用已建成项目的投资额或其设备投资额，估算同类而不同生产规模的项目投资或其设备投资的方法，其估算表达式为：

$$C_2 = C_1 \left(\frac{Q_2}{Q_1} \right)^n \times C_f$$

（3-1）

式中：C_2——拟建项目的投资额；

C_1——已建同类型项目的投资额；

Q_2——拟建项目的生产规模；

Q_1——已建同类型项目的生产规模；

C_f——增价系数；

n——生产规模指数。

生产规模指数估算法中生产规模指数 n 是一个关键因素。不同行业、性质、工艺流程、建设水平、生产率水平的项目，应取不同的指数值。选取 n 值的原则是：靠增大设备或装置的尺寸扩大生产规模时，n 取 $0.6 \sim 0.7$；靠增加相同的设备或装置的数量扩大生产规模时，n 取 $0.8 \sim 0.9$；化工系统 n 取 $0.6 \sim 0.7$。另外，拟估投资项目的生产能力与原有已知资料项目的生产能力的比值有一定限制范围，一般这一比值不能超过 50 倍，而在 10 倍以内效果较好。

2. 分项比例估算法

分项比例估算法是将项目的固定资产投资分为设备投资、建筑物与构筑物投资、其他投资三部分，先估算出设备的投资额，然后再按一定比例估算建筑物与构筑物的投资及其他投资，最后将这三部分投资加在一起。

（1）设备投资估算

设备投资按其出厂价格加上运输费、安装费等，其估算公式为：

$$K_1 = \sum_{i=1}^{n} Q_i \times P_i (1 + L_i)$$

$$(3-2)$$

式中：K_1——设备的投资估算值；

Q_i——第 i 种设备所需数量；

P_i——第 i 种设备的出厂价格；

L_i——同类项目同类设备的运输、安装费系数；

n——所需设备的种数。

（2）建筑物与构筑物投资估算

建筑物和构筑物投资估算计算公式为

$$K_2 = K_1 \times L_b$$

$$(3-3)$$

式中：K_2——建筑物与构筑物的投资估算值；

L_b——同类项目中建筑物与构筑物投资占设备投资的比例，露天工程取 $0.1 \sim 0.2$，室内工程取 $0.6 \sim 1.0$。

（3）其他投资估算

其他投资估算公式为

$$K_3 = K_1 \times L_w$$

$$(3-4)$$

式中：K_3——其他投资的估算值；

L_w——同类项目其他投资占设备投资的比例。

项目固定资产投资总额的估算值 K 则为：

$$K = \left(K_1 + K_2 + K_3 \right) \times (1 + S\%)$$

（3-5）

式中：$S\%$ 为考虑不可预见因素而设定的费用系数，一般为 10%～15%。

3. 资金周转率法

资金周转率法是利用资金周转率指标来进行投资估算的。先根据已建类似项目的有关数据计算资金周转率，然后根据拟建项目的预计年产量和单价估算拟建项目投资。其计算公式如下：

$$综合税率(\%) = \frac{1}{1 - 3\% - (3\% \times 5\%) - (3\% \times 3\%) - (3\% \times 2\%)} - 1$$

（3-6）

$$总投资 = \frac{预计年产量 \times 预计单位产品售价}{资金周转率}$$

（3-7）

该法简便易行，节约时间和费用。但投资估算的精度较低，因项目相关数据的确定性较差。

4. 单位面积综合指标估算法

单位面积综合指标估算法适用于单项工程的投资估算，投资包括土建、给排水、采暖、通风、空调、电气、动力管道等所需费用。

5. 单元指标估算法

单元指标指每个估算单位的投资额。例如：啤酒厂单位生产能力投资指标、饭店单位客户房间投资指标、冷库单位储藏量投资指标、医院每个床位投资指标等。单元指标估算法在实际工作中使用较多。工业建设项目和民用建设项目的投资估算公式如下：

工业建设项目单元指标估算法：

$$项目投资额 = 单元指标 \times 生产能力 \times 物价浮动指数$$

（3-8）

民用建设项目单元指标估算法：

$$项目投资额 = 单元指标 \times 民用建筑功能 \times 物价浮动指数$$

$$(3-9)$$

（二）动态投资估算法

动态投资估算是指在投资估算过程中，考虑资金的时间价值。动态投资除了包括静态投资外，还包括价格变动增加的投资额、建设期贷款利息和固定资产投资方向调节税。

三、流动资金的估算方法

流动资金是指建设项目投产后维持正常生产经营所需购买原材料、燃料、支付工资及其他生产经营费用等所必不可少的周转资金。它是伴随着固定资产而发生的永久性流动资产投资，等于项目投产运营后所需全部流动资产扣除流动负债后的余额。流动资金的筹措可通过长期负债和资本金（权益融资）方式解决，流动资金借款部分的利息应计入财务费用，项目计算期末收回全部流动资金。

流动资金的估算一般采用两种方法。

（一）扩大指标估算法

扩大指标估算法是按照流动资金占某种基数的比率来估算流动资金的。一般常用的基数有销售收入、经营成本、总成本费用和固定资产投资等。究竟采用何种基数依行业习惯而定。所采用的比率根据经验确定，或根据现有同类企业的实际资料确定，或依行业、部门给定的参考值确定。扩大指标估算法简便易行，但准确度不高，适用于项目建议书阶段的估算。

1. 产值（或销售收入）资金率估算法

产值（或销售收入）资金率估算法计算公式如下：

$$流动资金额 = 年产值（或年销售收入额）\times 产值（或销售收入）资金率$$

$$(3-10)$$

2. 经营成本（或总成本）资金率估算法

经营成本是一个反映物质、劳动消耗和技术水平、生产管理水平的综合指标。一些工业项目，尤其是采掘工业项目常用经营成本（或总成本）资金率估算流动资金。其估算公式如下：

$$流动资金额 = 年经营成本（年总成本）\times 经营成本资金率（总成本资金率）$$

$$(3-11)$$

3. 固定资产投资资金率估算法

固定资产投资资金率是流动资金占固定资产投资的百分比。例如：化工项目流动资金占固定资产投资的 15% ~ 20%，一般工业项目流动资金占固定资产投资的 5% ~ 12%。其估算公式为：

$$流动资金额 = 固定资产投资 \times 固定资产投资资金率$$

$$(3-12)$$

4. 单位产量资金率估算法

单位产量资金率即单位产量占用流动资金的数额，例如：生产每吨原煤占用流动资金数额为 5.5 元。其估算公式如下：

$$流动资金额 = 年生产能力 \times 单位产量资金率$$

$$(3-13)$$

（二）分项详细估算法

分项详细估算法也称分项定额估算法。它是国际上通行的流动资金估算方法，按照下列公式分项详细估算。

流动资金 = 流动资产 - 流动负债

流动资产 = 现金 + 应收及预付账款 + 存货

流动负债 = 应付账款 + 预收账款

流动资金本年增加额 = 本年流动资金 - 上年流动资金

流动资产和流动负债各项估算公式如下：

1. 现金的估算

现金估算公式如下：

$$现金 = \frac{年工资及福利费 + 年其他费用}{周转次数}$$

$$(3-14)$$

$$周转次数 = \frac{360天}{最低需要周转天数}$$

$$(3-15)$$

年其他费用指制造费用、管理费用、销售费用、财务费用之和扣除这四项费用中所包含的工资及福利费、折旧费、维修费、摊销费、修理费及利息支出。

2. 应收（预付）账款的估算

应收账款是指企业已对外销售商品、提供劳务尚未收回的资金。应收（预付）账款的估算公式为：

$$应收账款 = \frac{年经营成本}{周转次数}$$

（3-16）

3. 存货的估算

存货包括各种外购原材料、燃料、包装物、低值易耗品、在产品、外购商品、协作件、自制半成品和产成品等。存货的估算一般仅考虑外购原材料、燃料、存产品、产成品，也可考虑备品备件。

$$外购原材料燃料 = \frac{年外购原材料燃料费用}{周转次数}$$

（3-17）

$$在产品 = \frac{年外购原材料动力费 + 年工资及福利费 + 年修理费 + 年其他制造费用}{周转次数}$$

（3-18）

4. 应付（预收）账款的估算

应付（预收）账款的估算公式为：

$$应付账款 = \frac{年外购原材料燃料动力和商品备件费用}{周转次数}$$

（3-19）

在采用分项详细估算法时，需要分别确定现金、应收账款、存货和应付账款的最低周转天数。在确定周转天数时要根据实际情况，并考虑一定的保险系数。对于存货中的外购原材料、燃料要根据不同品种和来源，考虑运输方式和运输距离等因素确定。

四、投资估算的审查

为了保证项目投资估算的准确性和估算质量，必须加强对项目投资估算的审查工作。投资估算审查内容包括以下几个方面：

（一）审查投资估算编制依据的可信性

1. 审查选用的投资估算方法的科学性和适用性

因为投资估算方法很多，而每种投资估算方法都各有各的适用条件和范围，并具有不同的精确度。如果使用的投资估算方法与项目的客观条件不相适应，或者超出了该方法的适用范围，就不能保证投资估算的质量。

2. 审查投资估算采用数据资料的时效性和准确性

项目投资估算所需的数据资料很多，例如：已运行的同类型项目的投资、设备和材料价格、运杂费率、有关的定额、指标、标准以及有关规定等，这些资料都与时间有密切关系，都可能随时间发生不同程度的变化。因此，进行投资估算时必须注意数据的时效性和准确性。

（二）审查投资估算的编制内容与规定、规划要求的一致性

1. 审查项目投资估算包括的工程内容与规定要求是否一致，是否漏掉了某些辅助工程、室外工程等的建设费用。

2. 审查项目投资估算的项目产品生产装置的先进水平和自动化程度等是否符合规划要求的先进程度。

3. 审查是否对拟建项目与已运行项目在工程成本、工艺水平、规模大小、自然条件、环境因素等方面的差异做了适当的调整。

（三）审查投资估算的费用项目、费用数额的符实性

1. 审查费用项目与规定要求、实际情况是否相符，是否漏项或产生多项现象，估算的费用项目是否符合国家规定，是否针对具体情况做了适当的增减。

2. 审查"三废"处理所需投资是否进行了估算，其估算数额是否符合实际。

3. 审查是否考虑了物价上涨和汇率变动对投资额的影响，考虑的波动变化幅度是否合适。

4. 审查是否考虑了采用新技术、新材料以及现行标准和规范比已运行项目的要求提高所需增加的投资额，考虑的额度是否合适。

第三节　建设项目财务评价

一、财务评价的概念及作用

（一）财务评价的概念

财务评价是在国家现行会计制度、税收法规和市场价格体系下，预测估计项目的财务效益与费用，编制财务报表，计算评价指标，进行财务盈利能力分析和偿债能力分析，考察拟建项目的获利能力和偿债能力等财务状况，据以判断项目的财务可行性。财务评价应在初步确定的建设方案、投资估算和融资方案的基础上进行，财务评价结果又可以反馈到方案设计中，用于方案比选，优化方案设计。

（二）财务评价的作用

1.财务评价是项目决策分析与评价的重要组成部分

对投资项目的评价应从多角度、多方面进行，无论是在对投资项目的前评价、中间评价还是后评价中，财务评价都是必不可少的重要内容。在对投资项目的前评价——决策分析与评价的各个阶段中，无论是机会研究、项目建议书、初步可行性研究报告还是可行性研究报告，财务评价都是其中的重要组成部分。

2.财务评价是重要的决策依据

在项目决策所涉及的范围中，财务评价虽然不是唯一的决策依据，却是重要的决策依据。在市场经济条件下，绝大部分项目的有关各方都会根据财务评价结果做出相应的决策：项目发起人决策是否发起或进一步推进该项目；投资人决策是否投资于该项目；债权人决策是否贷款给该项目；各级项目审批部门在做出是否批准该项目的决策时，财务评价结论也是重要的决策依据之一。具体来说，财务评价中的盈利能力分析结论是投资决策的基本依据，其中，项目资本金盈利能力分析结论同时也是融资决策的依据；偿还债务能力分析结论不仅是债权人决策贷款与否的依据，还是投资人确定融资方案的重要依据。

3.财务评价在项目或方案比选中起着重要作用

项目决策分析与评价的精髓是方案比选，在规模、技术和工程等方面都必须通过方案比选予以优化，使项目整体更趋于合理，此时，项目财务数据和指标往往是重要的比选依据。在投资机会不止一个的情况下，如何从多个备选项目中择优，往往是项目发起人、投资者甚至政府有关部门关心的事情，因此，财务评价的结果在项目或方案比选中所起的重要作用是不言而喻的。

4.财务评价能够配合投资各方谈判，促进平等合作

目前，投资主体多元化已成为项目融资的主流，并存在着多种形式的合作方式，主要有国内合资或合作的项目、中外合资或合作的项目、多个外商参与的合资或合作的项目等。在酝酿合资、合作的过程中，咨询工程师会成为各方谈判的有力助手，财务评价结果起着促使投资各方平等合作的重要作用。

二、财务评价的基本原则

（一）费用和效益计算范围的一致性原则

为了正确评价项目的获利能力，必须遵循费用与效益计算范围的一致性原则。如果在投资估算中包括某项工程，那么因建设该工程而增加的效益就应该考虑，否则，就会低估了项目的效益；如果考虑了该工程对项目效益的贡献，但投资未计算进去，那么项目的效益就会被高估。只有将投入和产出的估算限定在同一范围内，计算的净效益才是投入的真实回报。

（二）费用和效益识别的有无对比原则

有无对比是国际上项目评价中通用的费用与效益识别的基本原则，项目评价的许多方面都需要遵循这条原则，财务评价也不例外。所谓"有"是指实施项目后的将来状况，"无"是指不实施项目时的将来状况。在识别项目的效益和费用时，须注意只有"有无对比"的差额部分才是由于项目的建设而增加的效益和费用，即增量效益和费用。有些项目即使不实施，现状效益也会由于各种原因发生变化。如农业灌溉项目，若没有该项目，将来的农产品产量也会由于气候、施肥、种子和耕作技术的变化而变化。采用有无对比的方法，就是为了识别那些真正应该算作项目效益的部分，即增量效益，排除那些由于其他原因产生的效益。同时，也要找出与增量效益相对应的增量费用，只有这样才能真正体现项目投资的净效益。

有无对比直接适用于依托老厂进行的改建、扩建与技术改造项目，停、缓建后又恢复建设的项目增量效益分析。对于从无到有进行建设的新项目，也同样适用该原则，只是通常认为无项目与现状相同，其效益与费用均为零。

（三）动态分析与静态分析相结合，以动态分析为主的原则

国际通行的财务评价都是以动态分析方法为主，即根据资金时间价值原理，考虑项目整个计算期内各年的效益和费用，采用现金流量分析的方法，计算内部收益率和净现值等评价指标。

（四）基础数据确定中的稳妥原则

财务评价结果的准确性取决于基础数据的可靠性。财务评价中需要的大量基础数据都来自预测和估计，难免有不确定性。为了使财务评价结果能提供较为可靠的信息，避免人为的乐观估计带来的风险，更好地满足投资决策需要，在基础数据的确定和选取中遵循稳妥原则是十分必要的。

三、财务评价的程序

项目财务评价是在产品市场研究和工程技术研究等工作的基础上进行的。其基本工作程序如下：

（1）收集、整理和计算基础数据资料，包括项目投入物和产出物的数量、质量、价格及项目实施进度的安排等。如投资费用、贷款的数额、产品的销售收入、生产成本和税金等。

（2）运用基础数据编制基本财务报表。

（3）通过基本财务报表计算各项评价指标。

（4）依据基准参数值，进行财务分析。

四、财务评价指标体系

建设工程经济效果可采用不同的指标来表达，任何一种评价指标都是从一定的角度、某一个侧面反映项目的经济效果的，总会有一定的局限性。因此，须建立一整套经济评价指标体系来全面、真实、客观地反映建设工程的经济效果。

静态分析指标的最大特点是不考虑时间因素，计算简便，所以，在对方案进行粗略评价或对短期投资项目进行评价时，以及对于逐年收益大致相等的项目，静态评价指标还是可以采用的。动态分析指标强调利用复利方法计算资金时间价值，它将不同时间内资金的流入和流出，换算成同一时点的价值，从而为不同方案的经济比较提供了可比基础，并能反映方案在未来时期的发展变化情况。

总之，在项目财务评价时，应根据评价深度要求，可获得资料的多少以及评价方案本身所处的条件，选用多个不同的评价指标，这些指标有主有次，从不同侧面反映评价方案的财务评价效果。财务评价指标的具体计算如下：

（一）财务净现值（FNPV）

财务净现值是指将项目计算期内各年的财务净现金流量，按照一个给定的标准折现率（基准收益率）折算到建设期初（项目计算期第一年年初）的现值之和。财务净现值是考察项目在其计算期内盈利能力的主要动态评价指标。其表达式为：

$$FNPV = \sum_{t=1}^{n}(CI-CO)_t\left(1+i_c\right)^{-t}$$

（3-20）

式中，$FNPV$——财务净现值；

$(CI-CO)_t$——第 t 年的净现金流量；

n——项目计算期；

i_c—标准折现率。

如果项目建成投产后，各年净现金流量不相等，则财务净现值按照式（3-20）计算。

如果项目建成投产后，各年净现金流量相等，均为 A，投资现值为 K_p，则：

$$FNPV = A \times \left(P/A, \quad i_c, n\right) - K_p$$

（3-20）

当财务净现值大于零时，表明项目的盈利能力超过了基准收益率或折现率；当财务净现值小于零时，表明项目盈利能力达不到基准收益率或设定的折现率的水平；当财务净现值为零时，表明项目盈利能力水平正好等于基准收益率或设定的折现率。因此，财务净现值指标的判别准则是：若 $FNPV \geqslant 0$，则方案可行；若 $FNPV < 0$，则方案不可行。

财务净现值全面考虑了项目计算期内所有的现金流量大小及分布，同时考虑了资金的时间价值，因而可作为项目经济效果评价的主要指标。

（二）财务内部收益率（FIRR）

财务内部收益率是指项目在整个计算期内各年财务净现金流量的现值之和等于零时的折现率，也就是使项目的财务净现值等于零时的折现率。其表达式为：

$$\sum_{t=1}^{n}(CI - CO)_t(1 + FIRR)^{-t} = 0$$

（3-22）

式中，$FIRR$——财务内部收益率；

式中其他符号意义同前。

财务内部收益率是反映项目盈利能力常用的动态评价指标，可通过财务现金流量表计算。

财务内部收益率计算方程是一元 n 次方程，不容易直接求解，一般采用"试差法"。在条件允许的情况下，最好使用计算机软件计算。

财务内部收益率是反映项目实际收益率的一个动态指标，该指标越大越好。一般情况下，财务内部收益率大于或等于基准收益率时，项目可行。

（三）投资回收期

投资回收期按照是否考虑资金时间价值，可以分为静态投资回收期和动态投资回收期。

1. 静态投资回收期

静态投资回收期是指以项目每年的净收益回收项目全部投资所需要的时间，是考察项目财务上投资回收能力的重要指标。这里所说的全部投资既包括固定资产投资，又包括流动资金投资。项目每年的净收益是指税后利润加折旧。静态投资回收期的表达式为：

$$\sum_{t=1}^{P_t}(CI-CO)_t = 0$$

（3-23）

式中，P_t——静态投资回收期；

CI——现金流入；

CO——现金流出；

$(CI-CO)_t$——第 t 年的净现金流量。

静态投资回收期一般以"年"为单位，自项目建设开始年算起。当然也可以计算自项目建成投产年算起的静态投资回收期，但对于这种情况，需要加以说明，以防两种情况混淆。如果项目建成投产后，每年的净收益相等，则投资回收期可用下式计算：

$$P_t = \frac{K}{NB} + T_k$$

（3-24）

式中，K——全部投资；

NB——每年的净收益；

T_k——项目建设期。

如果项目建成投产后各年的净收益不相同，则静态投资回收期可根据累计净现金流量求得。其计算公式为

$$P_t = 累计净现金流量开始出现正值的年份数 -1+ \frac{上一年累计净现金流量的绝对值}{当年净现金流量}$$

（3-25）

当静态投资回收期小于或等于基准投资回收期时，项目可行。

2. 动态投资回收期

动态投资回收期是指在考虑了资金时间价值的情况下，以项目每年的净收益回收项

目全部投资所需要的时间。这个指标主要是为了克服静态投资回收期指标没有考虑资金时间价值的缺点而提出的。动态投资回收期的表达式为：

$$\sum_{t=0}^{P_t'}(CI-CO)_t\left(1+i_c\right)^{-t}=0$$

$$(3-26)$$

式中，P_t'——动态投资回收期。

式中其他符号含义同前。

采用式（3-25）计算P_t'一般比较烦琐，因此，在实际应用中往往是根据项目的现金流量表，用下列近似公式计算：

$$P_t' = 累计折现值出现正值的年份数 -1+ \frac{上年累计折现值的绝对值}{当年净现金流量的折现值}$$

$$(3-27)$$

动态投资回收期是在考虑了项目合理收益的基础上收回投资的时间，只要在项目寿命期结束之前能够收回投资，就表示项目已经获得了合理的收益。因此，只要动态投资回收期不大于项目寿命期，项目就可行。

（四）投资收益率

投资收益率又称为投资效果系数，是指在项目达到设计能力后，其每年的净收益与项目全部投资的比率，是考察项目单位投资盈利能力的静态指标。其表达式为：

$$投资收益率 = \frac{年净收益}{项目全部投资} \times 100\%$$

$$(3-28)$$

其中，年净收益＝年销售收入－年经营费用＝年产品销售收入－（年总成本费用＋年销售税金及附加－折旧）。

当项目在正常生产年份内各年的收益情况变化幅度较大时，可用年平均净收益替代年净收益，计算投资收益率。在采用投资收益率对项目进行经济评价时，投资收益率不小于行业平均的投资收益率（或投资者要求的最低收益率），项目即可行。投资收益率指标由于计算口径不同，又可分为投资利润率、投资利税率、资本金利润率等指标。

（五）清偿能力评价

投资项目的资金构成一般可分为自有资金和借入资金。自有资金可长期使用，而借入资金必须按期偿还。项目的投资者自然要关心项目偿债能力，借入资金的所有者——债权人也非常关心贷出资金能否按期收回本息。因此，偿债分析是财务分析中的一项重要内容。

项目偿债能力分析可在编制贷款偿还表的基础上进行。为了表明项目的偿债能力，可按尽早还款的方法计算。在计算中，贷款利息一般做如下假设：长期借款——当年贷款按半年计息，当年还款按全年计息。假设在建设期借入资金，生产期逐期归还，则：

$$建设期年利息 =（年初借款累计 + 本年借款 /2）\times 年利率$$

$$(3-29)$$

$$生产期年利息 = 年初借款累计 \times 年利率$$

$$(3-30)$$

流动资金借款及其他短期借款按全年计息。贷款偿还期的计算公式与投资回收期公式相似，其计算公式为：

$$贷款偿还期 = 偿清债务年份数 -1+ \frac{偿清债务当年应付的本息}{当年可用于偿债的资金总额}$$

$$(3-31)$$

贷款偿还期小于等于借款合同规定的期限时，项目可行。

（六）资产负债率

1. 资产负债率

该指标反映项目总体偿债能力。这一比率越低，则偿债能力越强。但是资产负债率的高低还反映了项目利用负债资金的程度，因此，该指标水平应适当。其计算公式为：

$$资产负债率 = 负债总额 / 资产总额$$

$$(3-32)$$

2. 流动比率

该指标反映企业偿还短期债务的能力。该比率越高，单位流动负债将有更多的流动资产做保障，短期偿债能力就越强。但是可能会导致流动资产利用效率低下，影响项目效益。因此，流动比率一般为 2：1 较好。其计算公式为：

$$流动比率 = 流动资产总额 / 流动负债总额$$

$$(3-33)$$

3. 速动比率

该指标反映了企业在很短时间内偿还短期债务的能力。速动资产=流动资产-存货，是流动资产中变现最快的部分，速动比率越高，短期偿债能力越强。同样，速动比率过高也会影响资产利用效率，进而影响企业经济效益。因此，速动比率一般为1左右较好。其计算公式为：

$$速动比率 = 速动资产总额 / 流动负债总额$$

（3-34）

第四章　招投标阶段的工程造价管理

第一节　建设项目招投标概述

一、建设项目招投标的概念

建设工程投标是指经过审查获得投标资格的建设承包单位按照招标文件的要求，在规定的时间内向招标单位填报投标书并争取中标的法律行为。

建设工程投标一般要经过以下几个步骤：

（1）投标人了解招标信息，申请投标。建筑企业根据招标广告或投标邀请书，分析招标工程的条件，依据自身的实力，选择投标工程。向招标人提出投标申请，并提交有关资料。

（2）接受招标人的资质审查。

（3）购买招标文件及有关技术资料。

（4）参加现场踏勘，并对有关疑问提出质询。

（5）编制投标书及报价。投标书是投标人的投标文件，是对招标文件提出的要求和条件做出的实质性响应。

（6）参加开标会议。

（7）接受中标通知书，与招标人签订合同。

二、建设项目招投标的意义

招标是我国建筑市场或设备供应走向规范化、完善化的重要举措，是计划经济向市场经济转变的重要步骤，对控制项目成本、保证相关员工廉政廉洁有着重要意义。

第一，推行招投标制基本形成了由市场定价的价格机制，使工程价格更加趋于合理。推行招投标制最明显的表现是若干投标人之间出现激烈竞争（相互竞标），这种市场竞争最直接、最集中的表现就是在价格上的竞争。通过竞争确定出工程价格，使其趋于合理或下降，这将有利于节约投资、提高投资效益。

第二，推行招投标制能够不断降低社会平均劳动消耗水平使工程价格得到有效控制。在建筑市场中，不同投标者的个别劳动消耗水平是有差异的。通过推行招投标，能够使那些个别劳动消耗水平最低或接近最低的投标者获胜，这样便实现了生产力资源较优配置，也对不同投标者实行了优胜劣汰。面对激烈竞争的压力，为了自身的生存与发展，每个投标者都必须切实在降低自己个别劳动消耗水平上下功夫，这样将逐步而全面地降低社会平均劳动消耗水平，使工程价格更合理。

第三，推行招投标制便于供求双方更好地相互选择，使工程价格更加符合价值基础，进而更好地控制工程造价。由于供求双方各自出发点不同，存在利益矛盾，因而单纯采用"一对一"的选择方式，成功的可能性较小。采用招投标方式就为供求双方在较大范围内进行相互选择创造了条件，为需求者（如建筑单位、业主）与供给者（如勘察设计单位、施工企业）在最佳点上结合提供了可能。需求者对供给者选择（即建设单位、业主对勘察设计单位和施工单位的选择）的基本出发点是"择优选择"，即选择那些报价较低、工期较短、具有良好业绩和管理水平的供给者，这样即为合理控制工程造价奠定了基础。

第四，推行招投标制有利于规范价格行为，使公开、公平、公正的原则得以贯彻。我国招投标活动有特定的机构进行管理，有严格的程序必须遵循，有高素质的专家支持系统、工程技术人员的群体评估与决策，能够避免盲目过度的竞争和营私舞弊现象的发生，对建筑领域中的腐败现象也是强有力的遏制，使价格形成过程变得透明而较为规范。

第五，推行招投标制能够减少交易费用，节省人力、物力、财力，进而使工程造价有所降低。我国目前从招标、投标、开标、评标直至定标，均有一些法律、法规规定，已进入制度化操作。招投标中，若干投标人在同一时间、地点报价竞争，在专家支持系统的评估下，以群体决策方式确定中标者，必然减少交易过程的费用，这本身就意味着招标人收益的增加，对工程造价必然产生积极的影响。

第六，推行招投标制能够起到保护员工廉政廉洁的作用。一般来说，只要经过正常程序，不受有关部门、有关人员的压力而进行暗箱操作，那么中标单位在保证其品牌、口碑延伸而不偷工减料的情况下，其中标价格的利润空间已相当有限，这个时候如果有人私欲膨胀想伸手的话，对方可能很难会再有能力支付大额回扣给他，即使建设单位某些人不能很好地把握住自己，对方也难以满足他的贪心，这样，即使这个人心中有怨气也只好作罢，反过来，正因为招标挽救了他，使他不会滑向深渊。

三、建设项目招标

客观来讲，建设工程施工招标应该具备的条件包括以下几项：招标人已经依法成立；初步设计及概算应当履行审批手续的，已经批准；招标范围、招标方式和招标组织形式等应当履行核准手续的，已经核准；有相应资金或资金来源已经落实；有招标所需要的设计图纸及技术资料。这些条件和要求，一方面是从法律上保证了项目和项目法人的合法性，另一方面，也从技术和经济上为项目的顺利实施提供了支持和保障。

（一）招投标项目的确定

从理论上讲，在市场经济条件下，建设工程项目是否采用招投标的方式确定承包人，业主有着完全的决定权；采用何种方式进行招标，业主也有着完全的决定权。但是为了保证公共利益，各国的法律都规定了有政府资金投资的公共项目（包括部分投资的项目或全部投资的项目），涉及公共利益的其他资金投资项目，投资额在一定额度之上时，要采用招投标方式进行。对此我国也有详细的规定。

根据《招标投标法》和国家计委《工程建设项目招标范围和规模标准规定》的规定，大型基础设施、公用事业等关系社会公共利益、公众安全的项目，全部或者部分使用国有资金投资或者国家融资的项目，使用国际组织或者外国政府贷款、援助资金的项目，包括项目的勘察、设计、施工、监理以及与工程建设有关的重要设备、材料等的采购，达到下列标准之一的，必须进行招标：①施工单项合同估算价在200万元人民币以上的。②重要设备、材料等货物的采购，单项合同估算价在100万元人民币以上的；③勘察、设计、监理等服务的采购，单项合同估算价在50万元人民币以上的；④单项合同估算价低于第①、②、③项规定的标准，但项目总投资额在3 000万元人民币以上的。

（1）根据《工程建设项目招标范围和规模标准规定》（国家发改委令第3号）规定，关系社会公共利益、公众安全的基础设施项目的范围包括：①煤炭、石油、天然气、电力、新能源等能源项目；②铁路、公路、管道、水运、航空以及其他交通运输业等交通运输项目；③邮政、电信枢纽、通信、信息网络等邮电通信项目；④防洪、灌溉、排涝、引（供）水、滩涂治理、水土保持、水利枢纽等水利项目；⑤道路、桥梁、地铁和轻轨交通、污水排放及处理、垃圾处理、地下管道、公共停车场等城市设施项目；⑥生态环境保护项目。⑦其他基础设施项目。

（2）关系社会公共利益、公众安全的公用事业项目的范围包括：①供水、供电、供气、供热等市政工程项目；②科技、教育、文化等项目；③体育、旅游等项目；④卫生、社会福利等项目；⑤商品住宅，包括经济适用住房；⑥其他公用事业项目。

（3）使用国有资金投资项目的范围包括：①使用各级财政预算资金的项目；②使用纳入财政管理的各种政府性专项建设基金的项目；③使用国有企业事业单位自有资金，

并且国有资产投资者实际拥有控制权的项目。

（4）国家融资项目的范围包括：①使用国家发行债券所筹资金的项目；②使用国家对外借款或者担保所筹资金的项目；③使用国家政策性贷款的项目；④国家授权投资主体融资的项目；⑤国家特许的融资项目。

（5）使用国际组织或者外国政府资金的项目的范围包括：①使用世界银行、亚洲开发银行等国际组织贷款资金的项目；②使用外国政府及其机构贷款资金的项目；③使用国际组织或者外国政府援助资金的项目。

（二）招标方式的确定

世界银行贷款项目中的工程和货物的采购，可以采用国际竞争性招标、有限国际招标、国内竞争性招标、询价采购、直接签订合同、自营工程等采购方式。其中国际竞争性招标和国内竞争性招标都属于公开招标，而有限国际招标则相当于邀请招标。

1. 公开招标

公开招标亦称无限竞争性招标，招标人在公共媒体上发布招标公告，提出招标项目和要求，符合条件的一切法人或者组织都可以参加投标竞争，都有同等竞争的机会。按规定应该招标的建设工程项目，一般应采用公开招标方式。

公开招标的优点是招标人有较大的选择范围，可在众多的投标人中选择报价合理、工期较短、技术可靠、资信良好的中标人。但是公开招标的资格审查和评标的工作量比较大，耗时长、费用高，且有可能因资格预审把关不严导致鱼目混珠的现象发生。

如果采用公开招标方式，招标人就不得以不合理的条件限制或排斥潜在的投标人。例如，不得限制本地区以外或本系统以外的法人或组织参加投标等。

2. 邀请招标

邀请招标亦称有限竞争性招标，招标人事先经过考察和筛选，将投标邀请书发给某些特定的法人或者组织，邀请其参加投标。

为了保护公共利益，避免邀请招标方式被滥用，各个国家和世界银行等金融组织都有相关规定：按规定应该招标的建设工程项目，一般应采用公开招标，如果要采用邀请招标，须经过批准。

对于有些特殊项目，采用邀请招标方式确实更加有利。根据我国的有关规定，有下列情形之一的，经批准可以进行邀请招标：①项目技术复杂或有特殊要求，只有少量几家潜在投标人可供选择的；②受自然地域环境限制的；③涉及国家安全、国家秘密或者抢险救灾，适宜招标但不宜公开招标的；④拟公开招标的费用与项目的价值相比，不值得的；⑤法律、法规规定不宜公开招标的。

招标人采用邀请招标方式，应当向三个以上具备承担招标项目的能力、资信良好的特定的法人或者其他组织发出投标邀请书。

（三）自行招标与委托招标

招标人可自行办理招标事宜，也可以委托招标代理机构代为办理招标事宜。

招标人自行办理招标事宜，应当具有编制招标文件和组织评标的能力。

招标人不具备自行招标能力的，必须委托具备相应资质的招标代理机构代为办理招标事宜。

工程招标代理机构资格分为甲、乙两级。其中乙级工程招标代理机构只能承担工程投资额（不含征地费、大市政配套费与拆迁补偿费）10 000万元以下的工程招标代理业务。

工程招标代理机构可以跨省、自治区、直辖市承担工程招标代理业务。

（四）招标信息的发布与修正

1. 招标信息的发布

工程招标是一种公开的经济活动，因此要采用公开的方式发布信息。

招标公告应在国家指定的媒介（报刊和信息网络）上发表，以保证信息发布到必要的范围以及发布的及时与准确，招标公告应该尽可能地发布翔实的项目信息，以保证招标工作的顺利进行。

招标公告应当载明招标人的名称和地址、招标项目的性质、数量、实施地点和时间、投标截止日期以及获取招标文件的办法等事项。招标人或其委托的招标代理机构应当保证招标公告内容的真实、准确和完整。

拟发布的招标公告文本应当由招标人或其委托的招标代理机构的主要负责人签名并加盖公章。招标人或其委托的招标代理机构发布招标公告，应当向指定媒介提供营业执照（或法人证书）、项目批准文件的复印件等证明文件。

招标人或其委托的招标代理机构应至少在一家指定的媒介发布招标公告。指定报刊在发布招标公告的同时，应将招标公告如实抄送指定网络。招标人或其委托的招标代理机构在两个以上媒介发布的同一招标项目的招标公告的内容应当相同。

招标人应当按招标公告或者投标邀请书规定的时间、地点出售招标文件或资格预审文件。自招标文件或者资格预审文件出售之日起至停止出售之日止，最短不得少于5天。

投标人必须自费购买相关招标或资格预审文件，但对招标文件或者资格预审文件的收费应当合理，不得以营利为目的。对于所附的设计文件，招标人可以向投标人酌收押金；对于开标后投标人退还设计文件的，招标人应当向投标人退还押金。招标文件或者资格预审文件售出后，不予退还。招标人在发布招标公告、发出投标邀请书后或者售出招标文件或资格预审文件后不得擅自终止招标。

2. 招标信息的修正

如果招标人在招标文件已经发布之后，发现有问题需要进一步的澄清或修改，必须依据以下原则进行：

（1）时限：招标人对已发出的招标文件进行必要的澄清或者修改，应当在招标文件要求提交投标文件截止时间至少15天前发出。

（2）形式：所有澄清文件必须以书面形式进行。

（3）全面：所有澄清文件必须直接通知所有招标文件收受人。

由于修正与澄清文件是对于原招标文件的进一步的补充或说明，因此该澄清或者修改的内容应为招标文件的有效组成部分。

（五）资格预审

招标人可以根据招标项目本身的特点和要求，要求投标申请人提供有关资质、业绩和能力等的证明，并对投标申请人进行资格审查。资格审查分为资格预审和资格后审。

资格预审是指招标人在招标开始之前或者开始初期，由招标人对申请参加投标的潜在投标人进行资质条件、业绩、信誉、技术、资金等多方面的情况进行资格审查；经认定合格的潜在投标人，才可以参加投标。

通过资格预审可以使招标人了解潜在投标人的资信情况，包括财务状况、技术能力以及以往从事类似工程的施工经验，从而选择优秀的潜在投标人参加投标，降低将合同授予不合格的投保人的风险；通过资格预审，可以淘汰不合格的潜在投标人，从而有效地控制投标人的数量，减少多余的投标，进而减少评审阶段的工作时间，减少评审费用，也为不合格的潜在投标人节约投标的无效成本；通过资格预审，招标人可以了解潜在投标人对项目投标的兴趣。如果潜在投标人的兴趣大大低于招标人的预料，招标人可以修改招标条款，以吸引更多的投标人参加竞争。

资格预审是一个重要的过程，要有比较严谨的执行程序，一般可以参考以下程序：

（1）由业主自行或委托咨询公司编制资格预审文件，主要内容有：工程项目简介，对潜在投标人的要求，各种附表等。可以成立以业主为核心，由咨询公司专业人员和有关专家组成的资格预审文件起草工作小组。编写资格预审文件内容要齐全，使用所规定的语言；根据需要，明确规定应提交的资格预审文件的份数，注明"正本"和"副本"。

（2）在国内外有关媒介上发布资格预审广告，邀请有意参加工程投标的单位申请资格审查。在投标意向者明确参与资格预审的意向后，将给予具体的资格预审通知，该通知一般包括以下内容：业主和工程师的名称；工程所在位置、概况和合同包含的工作范围；资金来源；资格预审文件的发售日期、时间、地点和价格；预期的计划（授予合同的日期、竣工日期及其他关键日期）；招标文件发出和提交投标文件的计划日期；

申请资格预审须知；提交资格预审文件的地点及截止日期、时间；最低资格要求及准备投标的投标意向者可能关心的具体情况。

（3）在指定的时间、地点开始出售资格预审文件，并同时公布对资格预审文件的答疑的具体时间。

（4）由于各种原因，在资格预审文件发售后，购买文件的投标意向者可能对资格预审文件提出各种疑问，投标意向者应将这些疑问以书面形式提交业主，业主应以书面形式回答。为保证竞争的公平性，应使所有投标意向者对于该工程的信息量相同，对于任何一个投标意向者问题的答复，均要求同时通知所有购买资格预审文件的投标意向者。

（5）投标意向者在规定的截止日期之前完成填报的内容，报送资格预审文件，所报送的文件在规定的截止日期后不能再进行修改。当然，业主可就报送的资格预审文件中的疑点要求投标意向者进行澄清，投标意向者应按实际情况回答，但不允许投标意向者修改资格预审文件中的实质内容。

（6）由业主组织资格预审评审委员会，对资格预审文件进行评审，并将评审结果及时以书面形式向所有参加资格预审的投标意向者通知。对于通过预审的投标人，还要向其通知出售招标文件的时间和地点。

（六）标前会议

标前会议也称为投标预备会或招标文件交底会，是招标人按投标须知规定的时间和地点召开的会议。标前会议上，招标人除了介绍工程概况以外，还可以对招标文件中的某些内容加以修改或补充说明，以及对投标人书面提出的问题和会议上即席提出的问题给予解答，会议结束后，招标人应将会议纪要用书面通知的形式发给每一个投标人。

无论是会议纪要还是对个别投标人的问题的解答，都应以书面形式发给每一个获得投标文件的投标人，以保证招标的公平和公正，但对问题的答复不需要说明问题来源。会议纪要和答复函件形成招标文件的补充文件，都是招标文件的有效组成部分，与招标文件具有同等法律效力。当补充文件与招标文件内容不一致时，应以补充文件为准。

为了使投标单位在编写投标文件时有充分的时间考虑招标人对招标文件的补充或修改内容，招标人可以根据实际情况在标前会议上确定延长投标截止时间。

（七）评标

评标分为评标的准备、初步评审、详细评审、编写评标报告等过程。

初步评审主要是进行符合性审查，即重点审查投标书是否实质上响应了招标文件的要求。审查内容包括：投标资格审查、投标文件完整性审查、投标担保的有效性、与招标文件是否有显著的差异和保留等。如果投标文件实质上不响应招标文件的要求，将作为无效标处理，不必进行下一阶段的评审。另外还要对报价计算的正确性进行审查，如果计算有误，通常的处理方法是：大小写不一致的以大写为准，单价与数量的乘积之和与所报的总价不一致的应以单价为准；标书正本和副本不一致的，则以正本为准。这些修改一般应由投标人代表签字确认。

详细评审是评标的核心，是对标书进行实质性审查，包括技术评审和商务评审。技术评审主要是对投标书的技术方案、技术措施、技术手段、技术装备、人员配备、组织结构、进度计划等的先进性、合理性、可靠性、安全性、经济性等进行分析评价。商务评审主要是对投标书的报价高低、报价构成、计价方式、计算方法、支付条件、取费标准、价格调整、税费、保险及优惠条件等进行评审。

评标方法可以采用评议法、综合评分法或评标价法等，可根据不同的招标内容选择确定相应的方法。

评标结束应该推荐中标候选人。评标委员会推荐的中标候选人应当限定在 1～3 人，并标明排列顺序。

四、建设项目施工投标

（一）研究招标文件

投标单位取得投标资格，获得投标文件之后的首要工作就是认真仔细地研究招标文件，充分了解其内容和要求，以便有针对性地安排投标工作。研究招标文件的重点应放在投标者须知、合同条款、设计图纸、工程范围及工程量表上，还要研究技术规范要求，看是否有特殊的要求。

投标人应该重点注意招标文件中的以下几个方面问题：

1. 投标人须知

投标人须知是招标人向投标人传递基础信息的文件，包括工程概况、招标内容、招标文件的组成、投标文件的组成、报价的原则、招投标时间安排等关键的信息。

首先，投标人需要注意招标工程的详细内容和范围，避免遗漏或多报。

其次，还要特别注意投标文件的组成，避免因提供的资料不全而被作为废标处理。例如，曾经有一资信良好著名的企业在投标时因为遗漏资产负债表而失去了本来非常有希望的中标机会。在工程实践中，这方面的先例不在少数。

最后，还要注意招标答疑时间、投标截止时间等重要时间安排，避免因遗忘或迟到等原因而失去竞争机会。

2. 投标书附录与合同条件

这是招标文件的重要组成部分，其中可能标明了招标人的特殊要求，即投标人在中标后应享受的权利、所要承担的义务和责任等，投标人在报价时需要考虑这些因素。

3. 技术说明

要研究招标文件中的施工技术说明，熟悉所采用的技术规范，了解技术说明中有无特殊施工技术要求和有无特殊材料设备要求，以及有关选择代用材料、设备的规定，以便根据相应的定额和市场确定价格，计算有特殊要求项目的报价。

4. 永久性工程之外的报价补充文件

永久性工程是指合同的标的物——建设工程项目及其附属设施，但是为了保证工程建设的顺利进行，不同的业主还会对于承包商提出额外的要求。这些可能包括：对旧有建筑物和设施的拆除，工程师的现场办公室及其各项开支、模型、广告、工程照片和会议费用等。如果有的话，则需要将其列入工程总价中去，弄清一切费用纳入工程总报价的方式，以免产生遗漏从而导致损失。

（二）进行各项调查研究

在研究招标文件的同时，投标人需要开展详细的调查研究，即对招标工程的自然、经济和社会条件进行调查，这些都是工程施工的制约因素，必然会影响到工程成本，是投标报价所必须考虑的，所以在报价前必须了解清楚。

1. 市场宏观经济环境调查

应调查工程所在地的经济形势和经济状况，包括与投标工程实施有关的法律法规、劳动力与材料的供应状况、设备市场的租赁状况、专业施工公司的经营状况与价格水平等。

2. 工程现场考察和工程所在地区的环境考察

要认真地考察施工现场，认真调查具体工程所在地区的环境，包括一般自然条件、施工条件及环境，如地质地貌、气候、交通、水电等的供应和其他资源情况等。

3. 工程业主方和竞争对手公司的调查

业主、咨询工程师的情况，尤其是业主的项目资金落实情况、参加竞争的其他公司与工程所在地的工程公司的情况，与其他承包商或分包商的关系。参加现场踏勘与标前会议，可以获得更充分的信息。

（三）复核工程量

有的招标文件中提供了工程量清单，尽管如此，投标者还是需要进行复核，因为这直接影响到投标报价以及中标的机会。例如，当投标人大体上确定了工程总报价以后，可适当采用报价技巧如不平衡报价法，对某些工程量可能增加的项目提高报价，而对某些工程量可能减少的可以降低报价。

对于单价合同，尽管是以实测工程量结算工程款，但投标人仍应根据图纸仔细核算工程量，当发现相差较大时，投标人应向招标人要求澄清。

对于总价固定合同，更要特别引起重视，工程量估算的错误可能带来无法弥补的经济损失，因为总价合同是以总报价为基础进行结算的，如果工程量出现差异，可能对施工方极为不利。对于总价合同，如果业主在投标前对争议工程量不予更正，而且是对投标者不利的情况，投标者在投标时要附上声明：工程量表中某项工程量有错误，施工结算应按实际完成量计算。

承包商在核算工程量时，还要结合招标文件中的技术规范弄清工程量中每一细目的具体内容，避免出现在计算单位、工程量或价格方面的错误与遗漏。

（四）选择施工方案

施工方案是报价的基础和前提，也是招标人评标时要考虑的重要因素之一。有什么样的方案，就有什么样的人工、机械与材料消耗，就会有相应的报价。因此，必须弄清分项工程的内容、工程量、所包含的相关工作、工程进度计划的各项要求、机械设备状态、劳动与组织状况等关键环节，据此制订施工方案。

施工方案应由投标人的技术负责人主持制订，主要应考虑施工方法、主要施工机具的配置、各工种劳动力的安排及现场施工人员的平衡、施工进度及分批竣工的安排、安全措施等。施工方案的制订应在技术、工期和质量保证等方面对招标人有吸引力，同时又有利于降低施工成本。

1. 要根据分类汇总的工程数量和工程进度计划中该类工程的施工周期、合同技术规范要求以及施工条件和其他情况选择和确定每项工程的施工方法，应根据实际情况和自身的施工能力来确定各类工程的施工方法。对各种不同施工方法应当从保证完成计划目标、保证工程质量、节约设备费用、降低劳务成本等多方面综合比较，选定最适用的、经济的施工方案。

2. 要根据上述各类工程的施工方法选择相应的机具设备并计算所需数量和使用周期，研究确定采购新设备、租赁当地设备或调动企业现有设备。

3. 要研究确定工程分包计划。根据概略指标估算劳务数量，考虑其来源及进场时间安排。注意当地是否有限制外籍劳务的规定。另外，从所需劳务的数量，估算所需管理人员和生活性临时设施的数量和标准等。

4. 要用概略指标估算主要的和大宗的建筑材料的需用量，考虑其来源和分批进场的时间安排，从而可以估算现场用于存储、加工的临时设施（例如仓库、露天堆放场、加工场地或工棚等）。

5. 根据现场设备、高峰人数和一切生产和生活方面的需要，估算现场用水、用电量，确定临时供电和排水设施；考虑外部和内部材料供应的运输方式，估计运输和交通车辆的需要和来源；考虑其他临时工程的需要和建设方案；提出某些特殊条件下保证正常施工的措施，例如排除或降低地下水以保证地面以下工程施工的措施；冬期、雨期施工措施以及其他必需的临时设施安排，例如现场安全保卫设施，包括临时围墙、警卫设施、夜间照明等，现场临时通信联络设施等。

（五）投标计算

投标计算是投标人对招标工程施工所要发生的各种费用的计算。在进行投标计算时，必须首先根据投标文件复核或计算工程量。作为投标计算的必要条件，应预先确定施工方案和施工进度。此外，投标计算还必须与采用的合同计价形式相协调。

（六）确定投标策略

正确的投标策略对提高中标率并获得较高的利润有重要作用。常用的投标策略主要有以信誉取胜、以低价取胜、以缩短工期取胜、以改进设计取胜或者以现金或特殊的施工方案取胜等。不同的投标策略要在不同投标阶段的工作（如制订施工方案、投标计算等）中体现和贯彻。

（七）正式投标

投标人按照招标人的要求完成标书的准备与填报之后，就可以向招标人正式提交投标文件。在投标时需要注意以下几方面：

1. 注意投标的截止日期

招标人所规定的投标截止日就是提交标书最后的期限。投标人在招标截止日之前所提交的投标是有效的，超过该日期之后就会被视为无效投标。在招标文件要求提交投标文件的截止时间后送达的投标文件，招标人可以拒收。

2. 投标文件的完备性

投标人应当按照招标文件的要求编制投标文件。投标文件应当对招标文件提出的实质性要求和条件做出响应。投标不完备或投标没有达到招标人的要求，在招标范围以外提出新的要求，均被视为对于招标文件的否定，不会被招标人所接受。投标人必须为自己所投出的标负责，如果中标，必须按照投标文件中所阐述的方案来完成工程，这其中包括质量标准、工期与进度计划、报价限额等基本指标以及招标人所提出的其他要求。

3. 注意标书的标准

标书的提交要有固定的要求，基本内容是：签章、密封。如果不密封或密封不满足要求，投标是无效的。投标书还需要按照要求签章，投标书需要盖有投标企业公章以及企业法人的名章（或签字）。如果项目所在地与企业距离较远，由当地项目经理部组织投标，需要提交企业法人对于投标项目经理的授权委托书。

4. 注意投标的担保

通常投标需要提交投标担保，应注意要求的担保方式、金额以及担保期限等。

第二节 施工项目招投标阶段的工程造价管理

一、工程量清单计价模式

工程量清单是载明建设工程分部分项工程项目、措施项目和其他项目的名称和相应数量、规费、税金项目等内容的明细清单。其中由招标人根据国家标准、招标文件、设计文件，以及施工现场实际情况编制的称为招标工程量清单，而作为投标文件组成部分的已标明价格并经承包人确认的称为已标价工程量清单。招标工程量清单应由具有编制能力的招标人或受其委托，具有相应资质的工程造价咨询人或招标代理人编制。采用工程量清单方式招标，招标工程量清单必须作为招标文件的组成部分，其准确性和完整性由招标人负责。招标工程量清单应以单位（项）工程为单位编制，由分部分项工程量清单，措施项目清单，其他项目清单，规费项目、税金项目清单组成。

（一）工程量清单计价与计量规范概述

《建设工程工程量清单计价规范》（GB 50500—2013，以下简称计价规范）包括总则、术语、一般规定、工程量清单编制、招标控制价、投标报价、合同价款约定、工程计量、合同价款调整、合同价款期中支付、竣工结算与支付、合同解除的价款结算与支付、合同价款争议的解决、工程造价鉴定、工程计价资料与档案、工程计价表格及 11 个附录。各专业工程量计量规范包括总则、术语、工程计量、工程量清单编制、附录。

1. 工程量清单计价的适用范围

计价规范适用于建设工程发承包及其实施阶段的计价活动。使用国有资金投资的建设工程发承包，必须采用工程量清单计价；非国有资金投资的建设工程，宜采用工程量清单计价；不采用工程量清单计价的建设工程，应执行计价规范中除工程量清单等专门性规定外的其他规定。

国有资金投资的项目包括全部使用国有资金（含国家融资资金）投资或国有资金投资为主的工程建设项目。

（1）国有资金投资的工程建设项目包括：①使用各级财政预算资金的项目；②使用纳入财政管理的各种政府性专项建设资金的项目；③使用国有企事业单位自有资金，并且国有资产投资者实际拥有控制权的项目。

（2）国家融资资金投资的工程建设项目包括：①使用国家发行债券所筹资金的项目；②使用国家对外借款或者担保所筹资金的项目；③使用国家政策性贷款的项目；④国家授权投资主体融资的项目；⑤国家特许的融资项目。

（3）国有资金（含国家融资资金）为主的工程建设项目是指国有资金占投资总额50%以上，或虽不足50%，但国有投资者实质上拥有控股权的工程建设项目。

2. 工程量清单计价的作用

（1）提供一个平等的竞争条件

采用施工图预算来投标报价，由于设计图纸的缺陷，不同施工企业的人员理解不一，计算出的工程量也不同，报价就更相去甚远，也容易产生纠纷。而工程量清单报价就为投标者提供了一个平等竞争的条件，相同的工程量，由企业根据自身的实力来填不同的单价。投标人的这种自主报价，使得企业的优势体现到投标报价中，可在一定程度上规范建筑市场秩序，确保工程质量。

（2）满足市场经济条件下竞争的需要

招投标过程就是竞争的过程，招标人提供工程量清单，投标人根据自身情况确定综合单价，利用单价与工程量逐项计算每个项目的合价，再分别填入工程量清单表内，计算出投标总价。单价成了决定性的因素，定高了不能中标，定低了又要承担过大的风险。单价的高低直接取决于企业管理水平和技术水平的高低，这种局面促成了企业整体实力的竞争，有利于我国建设市场的快速发展。

（3）有利于提高工程计价效率，能真正实现快速报价

采用工程量清单计价方式，避免了传统计价方式下招标人与投标人在工程量计算上的重复工作，各投标人以招标人提供的工程量清单为统一平台，结合自身的管理水平和施工方案进行报价，促进了各投标人企业定额的完善和工程造价信息的积累和整理，体现了现代工程建设中快速报价的要求。

（4）有利于工程款的拨付和工程造价的最终结算

中标后，业主要与中标单位签订施工合同，中标价就是确定合同价的基础，投标清单上的单价就成了拨付工程款的依据。业主根据施工企业完成的工程量，可以很容易地确定进度款的拨付额。工程竣工后，根据设计变更、工程量增减等，业主也很容易确定工程的最终造价，可在某种程度上减少业主与施工单位之间的纠纷。

（5）有利于业主对投资的控制

采用现在的施工图预算形式，业主对因设计变更、工程量的增减所引起的工程造价变化不敏感，往往等到竣工结算时才知道这些变更对项目投资的影响有多大，但常常是为时已晚。而采用工程量清单报价的方式则可对投资变化一目了然，在要进行设计变更时，

能马上知道它对工程造价的影响，业主就能根据投资情况来决定是否变更或进行方案比较，以决定最恰当的处理方法。

（二）分部分项工程项目清单

分部分项工程是"分部工程"和"分项工程"的总称。"分部工程"是单位工程的组成部分，系按结构部位、路段长度及施工特点或施工任务将单位工程划分为若干分部的工程。例如，砌筑工程分为砖砌体、砌块砌体、石砌体、垫层分部工程。"分项工程"是分部工程的组成部分，系按不同施工方法、材料、工序及路段长度等分部工程划分为若干个分项或项目的工程。例如砖砌体分为砖基础、砖砌挖孔桩护壁、实心砖墙、多孔砖墙、空心砖墙、空斗墙、空花墙、填充墙、实心砖柱、多孔砖柱、砖检查井、零星砌砖、砖散水地坪、砖地沟明沟等分项工程。

分部分项工程项目清单必须载明项目编码、项目名称、项目特征、计量单位和工程量。分部分项工程项目清单必须根据各专业工程计量规范规定的项目编码、项目名称、项目特征、计量单位和工程量计算规则进行编制。在分部分项工程量清单的编制过程中，由招标人负责前六项内容填列，金额部分在编制招标控制价或投标报价时填列。

1. 项目编码

项目编码是分部分项工程和措施项目清单名称的阿拉伯数字标识。分部分项工程量清单项目编码以五级编码设置，用十二位阿拉伯数字表示。一、二、三、四级编码为全国统一，即一至九位应按计价规范附录的规定设置；第五级即十至十二位为清单项目编码，应根据拟建工程的工程量清单项目名称设置，不得有重号，这三位清单项目编码由招标人针对招标工程项目具体编制，并应自001起顺序编制。各级编码代表的含义如下：①第一级表示专业工程代码（分二位）；②第二级表示附录分类顺序码（分二位）；③第三级表示分部工程顺序码（分二位）；④第四级表示分项工程项目名称顺序码（分三位）；⑤第五级表示工程量清单项目名称顺序码（分三位）。

当同一标段（或合同段）的一份工程量清单中含有多个单位工程且工程量清单是以单位工程为编制对象时，在编制工程量清单时应特别注意对项目编码十至十二位的设置不得有重码的规定。例如一个标段（或合同段）的工程量清单中含有三个单位工程，每一单位工程中都有项目特征相同的实心砖墙砌体，在工程量清单中又需要反映三个不同单位工程的实心砖墙砌体工程量时，则第一个单位工程的实心砖墙的项目编码应为010401003001，第二个单位工程的实心砖墙的项目编码应为010401003002，第三个单位工程的实心砖墙的项目编码应为010401003003，并分别列出各单位工程实心砖墙的工程量。

2. 项目名称

分部分项工程量清单的项目名称应按各专业工程计量规范附录的项目名称结合拟建工程的实际确定。附录表中的"项目名称"为分项工程项目名称，是形成分部分项工程量清单项目名称的基础。即在编制分部分项工程量清单时，以附录中的分项工程项目名称为基础，考虑该项目的规格、型号、材质等特征要求，结合拟建工程的实际情况，使其工程量清单项目名称具体化、细化，以反映影响工程造价的主要因素。例如"门窗工程"中"特殊门"应区分"冷藏门""冷冻闸门""保温门""变电室门""隔音门""人防门""金库门"等。清单项目名称应表达详细、准确，各专业工程计量规范中的分项工程项目名称如有缺陷，招标人可做补充，并报当地工程造价管理机构（省级）备案。

3. 项目特征

项目特征是构成分部分项工程项目、措施项目自身价值的本质特征。项目特征是对项目的准确描述，是确定一个清单项目综合单价不可缺少的重要依据，是区分清单项目的依据，是履行合同义务的基础。分部分项工程量清单的项目特征应按各专业工程计量规范附录中规定的项目特征，结合技术规范、标准图集、施工图纸，按照工程结构、使用材质及规格或安装位置等，予以详细而准确的表述和说明。凡项目特征中未描述到的其他独有特征，由清单编制人视项目具体情况确定，以准确描述清单项目为准。在各专业工程计量规范附录中还有关于各清单项目"工作内容"的描述。工作内容是指完成清单项目可能发生的具体工作和操作程序，但应注意的是，在编制分部分项工程量清单时，工作内容通常无须描述，因为在计价规范中，工程量清单项目与工程量计算规则、工作内容有一一对应关系，当采用计价规范这一标准时，工作内容均有规定。

4. 计量单位

计量单位应采用基本单位，除各专业另有特殊规定外均按以下单位计量：

（1）以质量计算的项目——吨或千克（t 或 kg）。

（2）以体积计算的项目——立方米（m^3）。

（3）以面积计算的项目——平方米（m^2）。

（4）以长度计算的项目——米（m）。

（5）以自然计量单位计算的项目——个、套、块、组、台……

（6）没有具体数量的项目——宗、项……

各专业有特殊计量单位的，另外加以说明，当计量单位有两个或两个以上时，应根据所编工程量清单项目的特征要求，选择最适宜表现该项目特征并方便计量的单位。

5. 工程数量的计算

工程数量主要通过工程量计算规则计算得到。工程量计算规则是指对清单项目工程量的计算规定。除另有说明外，所有清单项目的工程量应以实体工程量为准，并以完成后的净值计算；投标人投标报价时，应在单价中考虑施工中的各种损耗和需要增加的工程量。

根据工程量清单计价与计量规范的规定，工程量计算规则可以分为房屋建筑与装饰工程、仿古建筑工程、通用安装工程、市政工程、园林绿化工程、矿山工程、构筑物工程、城市轨道交通工程、爆破工程九大类。

以房屋建筑与装饰工程为例，其计量规范中规定的实体项目包括土石方工程，地基处理与边坡支护工程，桩基工程，砌筑工程，混凝土及钢筋混凝土工程，金属结构工程，木结构工程，门窗工程，屋面及防水工程，保温、隔热、防腐工程，楼地面装饰工程，墙、柱面装饰与隔断、幕墙工程，天棚工程，油漆、涂料、裱糊工程，其他装饰工程，拆除工程等，分别制定了它们的项目的设置和工程量计算规则。

随着工程建设中新材料、新技术、新工艺等的不断涌现，计量规范附录所列的工程量清单项目不可能包含所有项目。在编制工程量清单时，当出现计量规范附录中未包括的清单项目时，编制人应做补充。在编制补充项目时应注意以下三个方面：

（1）补充项目的编码应按计量规范的规定确定。具体做法如下：补充项目的编码由计量规范的代码与 B 和三位阿拉伯数字组成，并应从 001 起顺序编制，例如房屋建筑与装饰工程如须补充项目，则其编码应从 018001 开始起顺序编制，同一招标工程的项目不得重码。

（2）在工程量清单中应附补充项目的项目名称、项目特征、计量单位、工程量计算规则和工作内容。

（3）将编制的补充项目报省级或行业工程造价管理机构备案。

（三）措施项目清单

1. 措施项目列项

措施项目是指为完成工程项目施工，发生于该工程施工准备和施工过程中的技术、生活、安全、环境保护等方面的项目。

措施项目清单应根据相关工程现行国家计量规范的规定编制，并应根据拟建工程的实际情况列项。例如，《房屋建筑与装饰工程量计算规范》（GB 50854—2013）中规定的措施项目，包括脚手架工程，混凝土模板及支架（撑），垂直运输，超高施工增加，大型机械设备进出场及安拆，施工排水、降水，安全文明施工及其他措施项目。

2. 措施项目清单的标准格式

（1）措施项目清单的类别

措施项目费用的发生与使用时间、施工方法或者两个以上的工序相关，如安全文明施工，夜间施工，非夜间施工照明，二次搬运，冬雨季施工，地上、地下设施，建筑物的临时保护设施，已完工程及设备保护等。但是有些措施项目则是可以计算工程量的项目，如脚手架工程，混凝土模板及支架（撑），垂直运输，超高施工增加，大型机械设备进出场及安拆，施工排水、降水等，这类措施项目按照分部分项工程量清单的方式采用综合单价计价，更有利于措施费的确定和调整。措施项目中可以计算工程量的项目清单宜采用分部分项工程量清单的方式编制，列出项目编码、项目名称、项目特征、计量单位和工程量计算规则；不能计算工程量的项目清单，以"项"为计量单位进行编制。

（2）措施项目清单的编制

措施项目清单的编制须考虑多种因素，除工程本身的因素外，还涉及水文、气象、环境、安全等因素。措施项目清单应根据拟建工程的实际情况列项。若出现清单计价规范中未列的项目，可根据工程实际情况补充。

措施项目清单的编制依据主要有：①施工现场情况、地勘水文资料、工程特点；②常规施工方案；③与建设工程有关的标准、规范、技术资料；④拟定的招标文件；⑤建设工程设计文件及相关资料。

（四）其他项目清单

其他项目清单是指分部分项工程量清单、措施项目清单所包含的内容以外，因招标人的特殊要求而发生的与拟建工程有关的其他费用项目和相应数量的清单。工程建设标准的高低、工程的复杂程度、工程的工期长短、工程的组成内容、发包人对工程管理要求等都直接影响其他项目清单的具体内容。其他项目清单包括暂列金额；暂估价（包括材料暂估单价、工程设备暂估单价、专业工程暂估价）；计日工；总承包服务费。

1. 暂列金额

暂列金额是指招标人在工程量清单中暂定并包括在合同价款中的一笔款项。用于工程合同签订时尚未确定或者不可预见的所需材料、工程设备、服务的采购，施工中可能发生的工程变更、合同约定调整因素出现时的合同价款调整，以及发生的索赔、现场签证确认等的费用。不管采用何种合同形式，其理想的标准是，一份合同的价格就是其最终的竣工结算价格，或者至少两者应尽可能接近。我国规定对政府投资工程实行概算管理，经项目审批部门批复的设计概算是工程投资控制的刚性指标，即使商业性开发项目也有成本的预先控制问题，否则，无法相对准确预测投资的收益和科学合理地进行投资控制。但工程建设自身的特性决定了工程的设计需要根据工程进展不断地进行优化和调整，业主需求可能会随工程建设进展出现变化，工程建设过程还会存在一些不能预见、不能确定的因素。消化这些因素必然会影响合同价格的调整，暂列金额正是因这类不可避免的价格调整而设立，以便达到合理确定和有效控制工程造价的目标。设立暂列金额并不能保证合同结算价格就不会再出现超过合同价格的情况，是否超出合同价格完全取决于工程量清单编制人对暂列金额预测的准确性，以及工程建设过程是否出现了其他事先未预测到的事件。暂列金额应根据工程特点，按有关计价规定估算。

2. 暂估价

暂估价是指招标人在工程量清单中提供的用于支付必然发生但暂时不能确定价格的材料、工程设备的单价以及专业工程的金额，包括材料暂估单价、工程设备暂估单价和专业工程暂估价；暂估价类似于FIDIC合同条款中的Prime Cost Items（主要成本项目），在招标阶段预见肯定要发生，只是因为标准不明确或者需要由专业承包人完成，暂时无法确定价格。暂估价数量和拟用项目应当结合工程量清单中的"暂估价表"予以补充说明。为方便合同管理，需要纳入分部分项工程量清单项目综合单价中的暂估价应只是材料、工程设备暂估单价，以方便投标人组价。

专业工程的暂估价一般应是综合暂估价，同样包括人工费、材料费、施工机具使用费、企业管理费和利润，不包括规费和税金。总承包招标时，专业工程设计深度往往是不够的，一般需要交由专业设计人设计。在国际社会，出于对提高可建造性的考虑，一般由专业承包人负责设计，以发挥其专业技能和专业施工经验的优势。这类专业工程交由专业分包人完成是国际工程的良好实践，目前在我国工程建设领域也已经比较普遍。公开透明地合理确定这类暂估价的实际开支金额的最佳途径就是通过施工总承包人与工程建设项目招标人共同组织的招标。

暂估价中的材料、工程设备暂估单价应根据工程造价信息或参照市场价格估算，列出明细表；专业工程暂估价应分不同专业，按有关计价规定估算，列出明细表。

3. 计日工

在施工过程中，承包人完成发包人提出的工程合同范围以外的零星项目或工作，按合同中约定的单价计价的一种方式。计日工是为了解决现场发生的零星工作的计价而设立的。国际上常见的标准合同条款中，大多数都设立了计日工（Day work）计价机制。计日工对完成零星工作所消耗的人工工时、材料数量、施工机械台班进行计量，并按照计日工表中填报的适用项目的单价进行计价支付。计日工适用的所谓零星项目或工作一般是指合同约定之外的或者因变更而产生的、工程量清单中没有相应项目的额外工作，尤其是那些难以事先商定价格的额外工作。

4. 总承包服务费

总承包服务费是指总承包人为配合协调发包人进行的专业工程发包，对发包人自行采购的材料、工程设备等进行保管以及施工现场管理、竣工资料汇总整理等服务所需的费用。招标人应预计该项费用并按投标人的投标报价向投标人支付该项费用。

（五）规费、税金项目清单

规费项目清单应按照下列内容列项：社会保险费，包括养老保险费、失业保险费、医疗保险费、工伤保险费、生育保险费；住房公积金；工程排污费；出现计价规范中未列的项目，应根据省级政府或省级有关权力部门的规定列项。税金项目清单应包括下列内容：营业税；城市维护建设税；教育费附加；地方教育附加。出现计价规范未列的项目，应根据税务部门的规定列项。

二、工程概预算编制模式

除了工程量清单计价模式之外，最常用的计价模式就是工程概预算的编制模式。

工程概预算的编制是国家通过颁布统一的计价定额或指标，对建筑产品价格进行计价的活动。国家以假定的建筑安装产品为对象，制定统一的预算和概算定额。然后，按照概预算定额规定的分部分项子目，逐项计算工程量，套用概预算定额单价（或单位估价表）确定直接工程费，然后按规定的取费标准确定措施费、间接费、利润和税金，经汇总后即为工程概、预算价值。

工程概预算单位价格的形成过程，就是依据概预算定额所确定的消耗量乘以定额单价或市场价，经过不同层次的计算形成相应造价的过程。

第三节　工程评标

一、评标的准备与初步评审

评标活动应遵循公平、公正、科学、择优的原则，招标人应当采取必要的措施，保证评标在严格保密的情况下进行。评标是招标投标活动中一个十分重要的环节，如果对评标过程不进行保密，则影响公正评标的不正当行为有可能发生。

评标委员会成员名单一般应于开标前确定，而且该名单在中标结果确定前应当保密。评标委员会在评标过程中是独立的，任何单位和个人都不得非法干预、影响评标过程和结果。

（一）评标工作的准备

评标委员会成员应当编制供评标使用的相应表格，认真研究招标文件，至少应了解和熟悉以下内容：

1. 招标的目标。

2. 招标项目的范围和性质。

3. 招标文件中规定的主要技术要求、标准和商务条款。

4. 招标文件规定的评标标准、评标方法和在评标过程中考虑的相关因素。

招标人或者其委托的招标代理机构应当向评标委员会提供评标所需的重要信息和数据。

评标委员会应当根据招标文件规定的评标标准和方法，对投标文件进行系统的评审和比较。招标文件中没有规定的标准和方法不得作为评标的依据。因此，评标委员会成员还应当了解招标文件规定的评标标准和方法，这也是评标的重要准备工作。

（二）初步评审及标准

我国目前评标中主要采用的方法包括经评审的最低投标价法和综合评估法，两种评标方法在初步评审阶段，其内容和标准基本是一致的。

1. 初步评审标准

初步评审的标准包括以下四方面：

（1）形式评审标准

包括投标人名称与营业执照、资质证书、安全生产许可证一致；投标函上有法定代表人或其委托代理人签字或加盖单位章；投标文件格式符合要求；联合体投标人已提交联合体协议书，并明确联合体牵头人（如有）；报价唯一，即只能有一个有效报价等。

（2）资格评审标准

如果是未进行资格预审的，应具备有效的营业执照，具备有效的安全生产许可证，并且资质等级、财务状况、类似项目业绩、信誉、项目经理、其他要求、联合体投标人等，均符合规定。如果是已进行资格预审的，仍按前文所述资格审查办法中详细审查标准来进行。

（3）响应性评审标准

主要的投标内容包括投标报价校核，审查全部报价数据计算的正确性，分析报价构成的合理性，并与招标控制价进行对比分析，还有工期、工程质量、投标有效期、投标保证金、权利义务、已标价工程量清单、技术标准和要求、分包计划等，均应符合招标文件的有关要求。即投标文件应实质上响应招标文件的所有条款、条件，无显著的差异或保留。所谓显著的差异或保留包括以下情况：对工程的范围、质量及使用性能产生实质性影响；偏离了招标文件的要求，而对合同中规定的招标人的权利或者投标人的义务造成实质性的限制；纠正这种差异或者保留将会对提交了实质性响应要求的投标书的其他投标人的竞争地位产生不公正影响。

（4）施工组织设计和项目管理机构评审标准

主要包括施工方案与技术措施、质量管理体系与措施、安全管理体系与措施、环境保护管理体系与措施、工程进度计划与措施、资源配备计划、技术负责人、其他主要人员、施工设备、试验、检测仪器设备等，符合有关标准。

2. 投标文件的澄清和说明

评标委员会可以书面方式要求投标人对投标文件中含义不明确的内容做必要的澄清、说明或补正，但是澄清、说明或补正不得超出投标文件的范围或者改变投标文件的实质性内容。对投标文件的相关内容做出澄清、说明或补正，其目的是有利于评标委员会对投标文件的审查、评审和比较。澄清、说明或补正包括投标文件中含义不明确、对同类问题表述不一致或者有明显文字和计算错误的内容。但评标委员会不得向投标人提出带有暗示性或诱导性的问题，或向其明确投标文件中的遗漏和错误。同时，评标委员会不接受投标人主动提出的澄清、说明或补正。投标文件不响应招标文件的实质性要求和条件的，招标人应当拒绝，并不允许投标人通过修正或撤销其不符合要求的差异或保留，使之成为具有响应性的投标。评标委员会对投标人提交的澄清、说明或补正有疑问的，可以要求投标人进一步澄清、说明或补正，直至满足评标委员会的要求。

3. 报价有算术错误的修正

投标报价有算术错误的，评标委员会按以下原则对投标报价进行修正，修正的价格经投标人书面确认后具有约束力。投标人不接受修正价格的，其投标做废标处理。①投标文件中的大写金额与小写金额不一致的，以大写金额为准；②总价金额与依据单价计算出的结果不一致的，以单价金额为准修正总价，但单价金额小数点有明显错误的除外。

此外，如对不同文字文本投标文件的解释发生异议的，以中文文本为准。

4. 经初步评审后否决投标的情况

评标委员会应当审查每一投标文件是否对招标文件提出的所有实质性要求和条件做出响应。未能在实质上响应的投标，评标委员会应当否决其投标。具体情形包括：①投标文件未经投标单位盖章和单位负责人签字；②投标联合体没有提交共同投标协议；③投标人不符合国家或者招标文件规定的资格条件；④同一投标人提交两个以上不同的投标文件或者投标报价，但招标文件要求提交备选投标的除外；⑤投标报价低于成本或者高于招标文件设定的最高投标限价；⑥投标文件没有对招标文件的实质性要求和条件做出响应；⑦投标人有串通投标、弄虚作假、行贿等违法行为。

二、详细评审标准与方法

经初步评审合格的投标文件，评标委员会应当根据招标文件确定的评标标准和方法对其技术部分和商务部分做进一步评审、比较。详细评审的方法包括经评审的最低投标价法和综合评估法两种。

（一）经评审的最低投标价法

经评审的最低投标价法是指评标委员会对满足招标文件实质要求的投标文件，根据详细评审标准规定的量化因素及量化标准进行价格折算，按照经评审的投标价由低到高的顺序推荐中标候选人，或根据招标人授权直接确定中标人，但投标报价低于其成本的除外。经评审的投标价相等时，投标报价低的优先；投标报价也相等的，由招标人自行确定。

1. 经评审的最低投标价法的适用范围

经评审的最低投标价法一般适用于具有通用技术、性能标准或者招标人对其技术、性能没有特殊要求的招标项目。

2. 详细评审标准及规定

采用经评审的最低投标价法的，评标委员会应当根据招标文件中规定的量化因素和标准进行价格折算，对所有投标人的投标报价以及投标文件的商务部分做必要的价格调整。主要的量化因素包括单价遗漏和付款条件等，招标人可以根据项目具体特点和实际需要，进一步删减、补充或细化量化因素和标准。另外，如世界银行贷款项目采用此种评标方法时，通常考虑的量化因素和标准包括：一定条件下的优惠（借款国国内投标人有 7.5% 的评标优惠）；工期提前的效益对报价的修正；同时投多个标段的评标修正等。所有的这些修正因素都应当在招标文件中有明确的规定。对同时投多个标段的评标修正，一般的做法是，如果投标人的某一个标段已被确定为中标，则在其他标段的评标中按照招标文件规定的百分比（通常为 4%）乘以报价额后，在评标价中扣减此值。

根据经评审的最低投标价法完成详细评审后，评标委员会应当拟定一份价格比较一览表，连同书面评标报告提交招标人。价格比较一览表应当载明投标人的投标报价、对商务偏差的价格调整和说明以及已评审的最终投标价。

（二）综合评估法

不宜采用经评审的最低投标价法的招标项目，一般应当采取综合评估法进行评审。综合评估法是指评标委员会对满足招标文件实质性要求的投标文件，按照规定的评分标准进行打分，并按得分由高到低顺序推荐中标候选人，或根据招标人授权直接确定中标人，但投标报价低于其成本的除外。综合评分相等时，以投标报价低的优先；投标报价也相等的，由招标人自行确定。

1. 详细评审中的分值构成与评分标准

综合评估法下评标分值构成分为四个方面，即施工组织设计，项目管理机构，投标报价，其他评分因素。总计分值为100分。各方面所占比例和具体分值由招标人自行确定，并在招标文件中明确载明。

2. 投标报价偏差率的计算

在评标过程中，可以对各个投标文件按下式计算投标报价偏差率：

$$偏差率 = \frac{(投标人报价 - 评价基准价)}{评标基准价} \times 100\%$$

$$(4-1)$$

评标基准价的计算方法应在投标人须知前附表中予以明确。招标人可依据招标项目的特点、行业管理规定给出评标基准价的计算方法，确定时也可适当考虑投标人的投标报价。

3. 详细评审过程

评标委员会按分值构成与评分标准规定的量化因素和分值进行打分，并计算出各标书综合评估得分。

（1）按规定的评审因素和标准对施工组织设计计算出得分 A。

（2）按规定的评审因素和标准对项目管理机构计算出得分 B。

（3）按规定的评审因素和标准对投标报价计算出得分 C。

（4）按规定的评审因素和标准对其他部分计算出得分 D。

评分分值计算保留小数点后两位，小数点后第三位"四舍五入"。投标人得分计算公式是：投标人得分 =A+B+C+D。由评委对各投标人的标书进行评分后加以比较，最后以总得分最高的投标人为中标候选人。

根据综合评估法完成评标后，评标委员会应当拟定一份综合评估比较表，连同书面评标报告提交招标人。综合评估比较表应当载明投标人的投标报价、所做的任何修正、对商务偏差的调整、对技术偏差的调整、对各评审因素的评估以及对每一投标的最终评审结果。

三、中标人的确定

（一）中标候选人的确定

除招标文件中特别规定了授权评标委员会直接确定中标人外，招标人应依据评标委员会推荐的中标候选人确定中标人，评标委员会提交中标候选人的人数应符合招标文件的要求，应当不超过 3 人，并标明排列顺序。中标人的投标应当符合下列条件之一：

1. 能够最大限度满足招标文件中规定的各项综合评价标准。

2. 能够满足招标文件的实质性要求，并且经评审的投标价格最低；但是投标价格低于成本的除外。

对使用国有资金投资或者国家融资的项目，招标人应当确定排名第一的中标候选人为中标人。排名第一的中标候选人放弃中标，因不可抗力提出不能履行合同，或者招标文件规定应当提交履约保证金而在规定的期限内未能提交的，招标人可以确定排名第二的标候选人为中标人。排名第二的中标候选人因上述同样原因不能签订合同的，招标人可以确定排名第三的中标候选人为中标人。

招标人可以授权评标委员会直接确定中标人。

招标人不得向中标人提出压低报价、增加工作量、缩短工期或其他违背中标人意愿的要求，即不得以此作为发出中标通知书和签订合同的条件。

（二）评标报告的内容及提交

评标委员会完成评标后，应当向招标人提交书面评标报告，并抄送有关行政监督部门。评标报告应当如实记载以下内容：

1. 基本情况和数据表。

2. 评标委员会成员名单。

3. 开标记录。

4. 符合要求的投标一览表。

5. 废标情况说明。

6. 评标标准、评标方法或者评标因素一览表。

7. 经评审的价格或者评分比较一览表。

8. 经评审的投标人排序。

9. 推荐的中标候选人名单与签订合同前要处理的事宜。

10. 澄清、说明、补正事项纪要。

评标报告由评标委员会全体成员签字。对评标结果有不同意见的评标委员会成员应当以书面方式阐述其不同意见和理由，评标报告应当注明该不同意见。评标委员会成员拒绝在评标报告上签字且不陈述其不同意见和理由的，视为同意评标结论。评标委员会应当对此做出书面说明并记录在案。

（三）公示与中标通知

1. 公示中标候选人

为维护公开、公平、公正的市场环境，鼓励各个招投标当事人积极参与监督，按照《招标投标法实施条例》的规定，依法必须进行招标的项目，招标人应当自收到评标报告之日起 3 日内公示中标候选人，公示期不得少于 3 日。投标人或者其他利害关系人对依法必须进行招标的项目的评标结果有异议的，应当在中标候选人公示期间提出。招标人应当自收到异议之日起 3 日内做出答复；做出答复前，应当暂停招标投标活动。

对中标候选人的公示须明确以下几个方面：

（1）公示范围。公示的项目范围是依法必须进行招标的项目，其他招标项目是否公示中标候选人由招标人自主决定。公示的对象是全部中标候选人。

（2）公示媒体。招标人在确定中标人之前，应当将中标候选人在交易场所和指定媒体上公示。

（3）公示时间（公示期）。公示由招标人统一委托当地招投标中心在开标当天发布。公示期从公示的第二天开始算起，在公示期满后招标人才可以签发中标通知书。

（4）公示内容。对中标候选人全部名单及排名进行公示，而不是只公示排名第一的中标候选人。同时，对有业绩信誉条件的项目，在投标报名或开标时提供的作为资格条件或业绩信誉情况，应一并进行公示，但不含投标人的各评分要素的得分情况。

（5）异议处置。公示期间，投标人及其他利害关系人应当先向招标人提出异议，经核查后发现在招投标过程中确有违反相关法律法规且影响评标结果公正性的，招标人应当重新组织评标或招标。招标人拒绝自行纠正或无法自行纠正的，则根据规定向行政监督部门提出投诉。对故意虚构事实，扰乱招投标市场秩序的，则按照有关规定进行处理。

2. 发出中标通知书

中标人确定后，招标人应当向中标人发出中标通知书，并同时将中标结果通知所有未中标的投标人。中标通知书对招标人和中标人具有法律效力。中标通知书发出后，招标人改变中标结果，或者中标人放弃中标项目的，应当依法承担法律责任。依据《招标投标法》的规定，依法必须进行招标的项目，招标人应当自确定中标人之日起 15 日内，向有关行政监督部门提交招标投标情况的书面报告。书面报告中至少应包括下列内容：①招标范围；②招标方式和发布招标公告的媒介；③招标文件中投标人须知、技术条款、评标标准和方法、合同主要条款等内容；④评标委员会的组成和评标报告；⑤中标结果。

第四节　工程合同价款的约定与施工合同的签订

一、合同价款类型的选择

招标人和中标人应当自中标通知书发出之日起30天内，根据招标文件和中标人的投标文件订立书面合同。中标人无正当理由拒签合同的，招标人取消其中标资格，其投标保证金不予退还；给招标人造成的损失超过投标保证金数额的，中标人还应当对超过部分予以赔偿。发出中标通知书后，招标人无正当理由拒签合同的，招标人向中标人退还投标保证金；给中标人造成损失的，还应当赔偿损失。

（一）合同总价

1. 固定合同总价

固定合同总价是指承包整个工程的合同价款总额已经确定，在工程实施中不再因物价上涨而变化。所以，固定合同总价应考虑价格风险因素，也须在合同中明确规定合同总价包括的范围。这类合同价可以使发包人对工程总开支做到心中有数，在施工过程中可以更有效地控制资金的使用。但对承包人来说，要承担较大的风险，如物价波动、气候条件、地质地基条件及其他意外风险等，因此，合同价款一般会高些。

2. 可调合同总价

可调合同总价一般是以设计图纸及规定、规范为基础，在报价及签约时，按招标文件中的要求和当时的物价计算合同总价。合同中确定的工程合同总价在实施期间可随价格变化而调整。发包人和承包人在商订合同时，以招标文件的要求及当时的物价计算出合同总价。如果在执行合同期间，通货膨胀引起成本增加达到某一限度时，合同总价则做相应调整。可调合同价使发包人承担了通货膨胀的风险，承包人则承担其他风险。一般适合于工期较长（1年以上）的项目。

（二）合同单价

1. 固定合同单价

固定合同单价是指合同中确定的各项单价在工程实施期间不因价格变化而调整，而在每月（或每阶段）工程结算时，根据实际完成的工程量结算，在工程全部完成时以竣工图的工程量最终结算工程总价款。

2. 可调单价

合同单价可调，一般是在工程招标文件中规定。在合同中签订的单价，根据合同约定的条款，如在工程实施过程中物价发生变化等，可做调整。有的工程在招标或签约时，因某些不确定性因素而在合同中暂定某些分部分项工程的单价，在工程结算时，再根据实际情况和合同约定对合同单价进行调整，确定实际结算单价。

关于可调价格的调整方法，常用的有以下几种：

（1）主料按抽料法计算价差，其他材料按系数计算价差。主要材料按施工图预算计算的用量和竣工当月当地工程造价管理机构公布的材料结算价或信息价与基价对比计算差价。其他材料按当地工程造价管理机构公布的竣工调价系数计算方法计算差价。

（2）按主材计算价差。发包人在招标文件中列出需要调整价差的主要材料表及其基期价格（一般采用当时当地工程造价管理机构公布的信息价或结算价），工程竣工结算时按竣工当时当地工程造价管理机构公布的材料信息价或结算价，与招标文件中列出的基期价比较计算材料差价。

（3）按工程造价管理机构公布的竣工调价系数及调价计算方法计算差价。

（4）调值公式法。调值公式一般包括固定部分、材料部分和人工部分三项。当工程规模和复杂性增大时，公式也会变得复杂。调值公式一般如下：

$$P = P_0\left(a_0 + a_1\frac{A}{A_0} + a_2\frac{B}{B_0} + a_3\frac{C}{C_0} + \cdots\right)$$

$$(4-2)$$

式中，P——调值后的工程价格；

P_0——合同价款中工程预算进度款；

a_0——固定要素的费用在合同总价中所占比重，这部分费用在合同支付中不能调整；

$a_1, a_2, a_3, \cdots$——代表各项变动要素的费用（人工费、钢材费用、水泥费用、运输费用等）在合同总价中所占比重，$a_1 + a_2 + a_3 + \cdots = 1$；

$A_0, B_0, C_0, \cdots$——签订合同时与$a_1, a_2, a_3, \cdots$对应的各种费用的基期价格指数或价格；

$A, B, C, \cdots$——在工程结算月份与$a_1, a_2, a_3, \cdots$对应的各种费用的现行价格指数或价格。

各部分费用在合同总价中所占比重在许多标书中要求承包人在投标时即提出，并在价格分析中予以论证。也有的由发包人在招标文件中规定一个允许范围，由投标人在此范围内选定。

（5）实际价格结算法。有些地区规定对钢材、木材、水泥三大材料的价格按实际价格结算的方法，工程承包人可凭发票按实报销。此法操作方便，但也容易导致承包人忽视降低成本。为避免副作用，地方建设主管部门要定期公布最高结算限价，同时，合同文件中应规定发包人有权要求承包人选择更廉价的供应来源。

以上几种方法究竟采用哪一种，应按工程价格管理机构的规定，经双方协商后在合同的专用条款中约定。

（三）成本加酬金合同价

成本加酬金合同价是指由业主向承包人支付工程项目的实际成本，并按事先约定的某一种方式支付一定的酬金。在这类合同中，业主须承担项目实际发生的一切费用，因此，也就承担了项目的全部风险。而承包人由于无风险，其报酬往往也较低。这类合同的缺点是业主对工程总造价不易控制，承包人也往往不注意降低项目成本。这类合同主要适用于以下项目：需要立即开展工作的项目，如地震后的救灾工作；新型的工程项目或工程内容及技术指标；未确定的项目；风险很大的项目等。

合同中确定的工程合同价，其工程成本部分按现行计价计算，酬金部分则按工程成本乘以通过竞争确定的费率计算，将两者相加，确定出合同价。

二、合同价款的约定

合同价款是合同文件的核心要素，建设项目无论是招标发包还是直接发包，合同价款的具体数额均在合同协议书中载明。

（一）签约合同价与中标价的关系

签约合同价是指合同双方签订合同时在协议书中列明的合同价格，对于以单价合同形式招标的项目，工程量清单中各种价格的总计即为合同价。合同价就是中标价，因为中标价是指评标时经过算术修正的、并在中标通知书中申明招标人接受的投标价格。法理上，经公示后招标人向投标人所发出的中标通知书（投标人向招标人回复确认中标通知书已收到），中标的中标价就受到法律保护，招标人不得以任何理由反悔。这是因为，合同价格属于招标投标活动中的核心内容，根据《招标投标法》有关"招标人和中标人应当按照招标文件和中标人的投标文件订立书面合同，招标人和中标人不得再行订立背离合同实质性内容的其他协议"之规定，发包人应根据中标通知书确定的价格签订合同。

（二）工程合同价款约定一般规定

（1）实行招标的工程合同价款应在中标通知书发出之日起30天内，由发承包双方依据招标文件和中标人的投标文件在书面合同中约定。

合同约定不得违背招标、投标文件中关于工期、造价和质量等方面的实质性内容。

招标文件与中标人投标文件不一致的地方，应以投标文件为准。

工程合同价款的约定是建设工程合同的主要内容，根据有关法律条款的规定，工程合同价款的约定应满足以下几个方面的要求：①约定的依据要求：招标人向中标的投标人发出的中标通知书；②约定的时间要求：自招标人发出中标通知书之日起30天内；③约定的内容要求：招标文件和中标人的投标文件；④合同的形式要求：书面合同。

在工程招标投标及建设工程合同签订过程中，招标文件应视为要约邀请，投标文件为要约，中标通知书为承诺。因此，在签订建设工程合同时，若招标文件与中标人的投标文件有不一致的地方，应以投标文件为准。

（2）不实行招标的工程合同价款，应在发、承包双方认可的工程价款基础上，由发承包双方在合同中约定。

（三）合同价款约定内容

1. 工程价款进行约定的基本事项

建筑工程造价应当按照国家有关规定，由发包单位与承包单位在合同中约定。公开招标发包的，其造价的约定，须遵守招标投标法律的规定。发承包双方应在合同中对工程价款进行如下基本事项的约定：

（1）预付工程款的数额、支付时间及抵扣方式。预付工程款是发包人为解决承包人在施工准备阶段资金周转问题提供的协助。如使用的水泥、钢材等大宗材料，可根据工程具体情况设置工程材料预付款。应在合同中约定预付款数额：可以是绝对数，如50万元、100万元，也可以是额度，如合同金额的10%、15%等；约定支付时间：如合同签订后一个月支付、开工日前7天支付等；约定抵扣方式：如在工程进度款中按比例抵扣；约定违约责任：如不按合同约定支付预付款的利息计算，违约责任等。

（2）安全文明施工措施的支付计划，使用要求等。

（3）工程计量与进度款支付。应在合同中约定计量时间和方式，可按月计量，如每月30天，可按工程形象部位（目标）划分分段计量。进度款支付周期与计量周期保持一致，约定支付时间，如计量后7天、10天支付；约定支付数额，如已完工作量的70%、80%等；约定违约责任，如不按合同约定支付进度款的利率，违约责任等。

（4）合同价款的调整。约定调整因素，如工程变更后综合单价调整，钢材价格上涨超过投标报价时的3%，工程造价管理机构发布的人工费调整等；约定调整方法，如结算时一次调整，材料采购时报发包人调整等；约定调整程序，承包人提交调整报告交发包人，由发包人现场代表审核签字等；约定支付时间与工程进度款支付同时进行等。

（5）索赔与现场签证。约定索赔与现场签证的程序，如由承包人提出、发包人现场代表或授权的监理工程师核对等；约定索赔提出时间，如知道索赔事件发生后的28天内等；约定核对时间，如收到索赔报告后 7 天以内、10 天以内等；约定支付时间，如原则上与工程进度款同期支付等。

（6）承担风险。约定风险的内容范围，如全部材料、主要材料等；约定物价变化调整幅度，如钢材、水泥价格涨幅超过投标报价的 3%，其他材料超过投标报价的 5% 等。

（7）工程竣工结算。约定承包人在什么时间提交竣工结算书，发包人或其委托的工程造价咨询企业，在什么时间内核对，核对完毕后，在多长时间内支付等。

（8）工程质量保证金。在合同中约定数额，如合同价款的 3% 等；约定预付方式，如竣工结算一次扣清等；约定归还时间，如质量缺陷期退还等。

（9）合同价款争议。约定解决价款争议的办法：是协商还是调解，如调解由哪个机构调解；如在合同中约定仲裁，应标明具体的仲裁机关名称，以免仲裁条款无效，约定诉讼等。

（10）与履行合同、支付价款有关的其他事项等。需要说明的是，合同中涉及价款的事项较多，能够详细约定的事项应尽可能具体约定，约定的用词应尽可能唯一，如有几种解释，最好对用词进行定义，尽量避免因理解上的歧义造成合同纠纷。

2. 合同中未约定事项或约定不明事项

合同中没有按照工程价额进行约定的基本要求约定或约定不明的，若发承包双方在合同履行中发生争议由双方协商确定；当协商不能达成一致时，应按规定执行。

合同生效后，当事人就质量、价款或者报酬、履行地点等内容没有约定或者约定不明确的，可以协议补充；不能达成补充协议的，按照合同有关条款或交易习惯确定。

三、建设工程施工承包合同的签订

（一）履约担保

在签订合同前，中标人以及联合体的中标人应按招标文件有关规定的金额、担保形式和提交时间，向招标人提交履约担保。履约担保有现金、支票、汇票、履约担保书和银行保函等形式，可以选择其中的一种作为招标项目的履约保证金，履约保证金不得超过中标合同金额的 10%。中标人不能按要求提交履约保证金的，视为放弃中标，其投标保证金不予退还，给招标人造成的损失超过投标保证金数额的，中标人还应当对超过部分予以赔偿。招标人要求中标人提供履约保证金或其他形式履约担保的，招标人应当同时向中标人提供工程款支付担保。中标后的承包人应保证其履约保证金在发包人颁发工程接收证书前一直有效。发包人应在工程接收证书颁发后 28 天内把履约保证金退还给承包人。

（二）签订合同

招标单位与中标单位应当自中标通知书发出之日起 30 天内，根据招标文件和中标单位的投标文件订立书面合同。一般情况下中标价就是合同价。招标单位与中标单位不得再行订立背离合同实质性内容的协议。

中标单位无正当理由拒签合同的，招标单位取消其中标资格，其投标保证金不予退还；给招标单位造成的损失超过投标保证金数额的，中标单位还应对超过部分予以赔偿。发出中标通知书后，招标单位无正当理由拒签合同的，招标单位向中标单位退还投标保证金；给中标单位造成损失的，还应当赔偿损失。招标单位与中标单位签订合同后 5 个工作日内，应当向中标单位和未中标的投标单位退还投标保证金。

第五章　施工阶段的工程造价管理

第一节　工程预付款和工程进度款

一、工程预付款

工程预付款是建设工程施工合同订立后，由发包人按照合同的约定，在正式开工前预先支付给承包人的工程款。它是施工准备和所需购买主要材料、结构件等的流动资金的主要来源，国内习惯上又称为预付备料款。工程预付款的支付，表明该工程已经实质性启动。

（一）工程预付款的确定

工程预付款的确定要适应承包的方式，并在施工合同中明确约定。一般建筑施工工程承包有以下三种方式：

1. 包工包全部材料工程

当预付款数额确定后，由建设单位通过其开户银行，将备料款一次性或按施工合同规定分次付给施工单位。

2. 包工包地方材料工程

当供应材料范围和数额确定后，建设单位应及时向施工单位结算。

3. 包工不包料工程

建设单位不需要向施工单位预付备料款。

工程预付备料款是我国工程项目建设中一项行之有效的制度，中国人民建设银行对备料款的拨付做了专门规定，明确备料款作为一种制度必须执行，对全国各地区、各部门贯彻预付款制度的工作在原则和程序上起过重要的指导作用。各地区、各部门结合地区和部门的实际情况，制定了相应的实施办法，对不同承包方式、年度内开竣工和跨年度工程等进行了具体的规定。例如，某市规定：凡是实行包工包料的工程项目，备料款由发包人通过经办银行办理，且应在双方签订工程承包合同后的一个月内付清；包工不包料的工程，原则上不应预收备料款。承包人对当年开工、当年竣工的工程，按施工图预算和合同造价规定备料款额度预收备料款；跨年度工程，按当年建筑安装工程投资额和规定的备料款额度预收备料款，下年初应按下年的建筑安装投资额调整上年已预收的备料款。凡合同规定工程所需"三大材"（钢材、木材、水泥），全部由发包人负责供应实物，并根据工程进度或合同规定按期交料的，所提交材料可按材料预算价格作价并视作预收备料款；对虽在工程合同中规定工程所需"三大材"全部由发包人负责供应实物，而未能遵照合同规定按期、按品种、按数量交料的，承包人可按规定补足收取备料款；部分"三大材"由发包人采购供应实物的，相应扣减备料款额度，或将这部分材料抵作部分备料款。在对备料款的具体操作进行了规定后，同时又规定了违规操作的处理办法：凡是没有签订工程合同或协议和不具备施工条件的工程，发包人不得拨给承包人备料款，更不准以付给备料款为名转移资金；承包人收取备料款两个月后仍不开工，或发包人不按合同规定付给备料款的，经办银行可根据双方工程承包合同的约定分别从有关账户收回和付出备料款。

住建部作为我国建设行业的主管部门，为适应社会主义市场经济的发展，预付工程款的具体事宜由发承包双方根据建设行政主管部门的规定，结合工程款、建设工期和包工包料情况在合同中约定。实行工程预付款的，双方应当在专用条款内约定发包人向承包人预付工程款的时间和数额，开工后按约定的时间和比例逐次扣回。预付时间应不迟于约定的开工日期前7天。发包人不按约定预付，承包人在约定预付时间7天后向发包人发出要求预付的通知，发包人收到通知后仍不能按要求预付，承包人可在发出通知后7天停止施工，发包人应从约定应付之日起向承包人支付应付款的贷款利息，并承担违约责任。

工程预付款在国际工程承发包活动中也是一种通行的做法。国际上的工程预付款不仅有材料设备预付款，还有为施工准备和进驻场地的动员预付款。根据国际土木工程建筑施工合同规定，预付款一般为合同总价的10%～15%。世界银行贷款的工程项目预付款较高，但也不超过20%。近几年来，国际上减少工程预付款额度的做法有扩展的趋势。但是无论如何，工程预付款仍是支付工程价款的前提，未支付预付款，由承包人自己带资、垫资进行施工的做法对承包人来说是十分危险的。通常的做法是在合同签署后支付预付款，由承包人从自己的开户银行中出具与预付款额相等的保函，并提交给发包人，以后就可从发包人开户银行里领取该项预付款。

（二）工程预付款额度

工程预付款额度，各地区、各部门的规定不完全相同，主要是保证施工所需材料和构件的正常储备。数额太少，备料不足，可能造成生产停工待料；数额太多，影响投资有效使用。工程预付款额度一般是根据施工工期、建筑安装工作量、主要材料和构件费用占建筑安装工作量的比例以及材料储备周期等因素经测算来确定。下面简要介绍几种确定额度的方法。

1. 百分比法

百分比法是按年度工作量的一定比例确定预付备料款额度的一种方法。各地区和各部门根据各自的条件从实际出发分别制定了地方、部门的预付备料款比例。例如建筑工程一般不得超过当年建筑（包括水、电、暖、卫等）工程工作量的25%，大量采用预制构件以及工期在5个月以内的工程，可以适当增加；安装工程一般不得超过当年安装工作量的10%，安装材料用量较大的工程，可以适当增加；小型工程（一般指30万元以下）可以不预付备料款，直接分阶段拨付工程进度款；等等。

2. 数学计算法数

学计算法是根据主要材料（含结构件等）占年度承包工程总价的比重，材料储备定额天数和年度施工天数等因素，通过数学公式计算预付备料款额度的一种方法。其计算公式为：

$$工程备料款数额 = \frac{工程总价 \times 材料比重(\%)}{年度施工天数} \times 材料储备定额天数$$

$$（5-1）$$

$$工程备料款额度 = \frac{预收备料款数额}{工程总价} \times 100\%$$

$$（5-2）$$

式中：年度施工天数按365日历天计算；材料储备定额天数由当地材料供应的在途天数、加工天数、整理天数、供应间隔天数、保险天数等因素决定。

3. 协商议定

关于工程备料款，在较多情况下是通过承发包双方自愿协商一致来确定的。通常，建设单位作为投资方，通过投资来实现其项目建设的目标，工程备料款是其投资的开始。在商洽时，施工单位作为承包人，应争取获得较多的备料款，从而保证施工有一个良好的开端并得以正常进行。但是，因为备料款实际上是发包人向承包人提供的一笔无息贷款，可使承包人减少自己垫付的周转资金，从而影响到作为投资人的建设单位的资金运用，如不能有效控制，则会加大筹资成本，因此，发包人和承包人必然要根据工程的特点，工期长短、市场行情、供求规律等因素，最终经协商确定备料款，从而保证各自目标的实现，达到共同完成建设任务的目的。

由协商议定工程备料款，符合建设工程规律、市场规律和价值规律，必将被建设工程承发包活动越来越多地采用。

（三）工程备料款的回扣

发包人支付给承包人的工程备料款的性质是预支。随着工程进度的推进，拨付的工程进度款数额不断增加，工程所需主要材料、构件的用量逐渐减少，原已支付的预付款应以抵扣的方式予以陆续扣回。扣款的方法是从未施工工程尚需的主要材料及构件的价值相当于预付备料款数额时扣起，从每次中间结算工程价款中按材料及构件比重抵扣工程价款，至竣工之前全部扣清。因此，确定起扣点是工程预付款起扣的关键。

确定工程预付款起扣点的依据是：未完施工工程所需主要材料和构件的费用，等于工程预付款的数额。

当已完工程超过开始扣回预付备料款时的工程价值时，就要从每次结算工程价款中陆续扣回预付备料款－每次应扣回的数额按下列方法计算：

第一次应扣回预付备料款＝(累计已完工程价值-开始扣回预付备料款时的工程价值)×主要材料费比重

（5-3）

以后各次应扣回预付备料款 ＝ 每次结算的已完工程价值 × 主要材料费比重

（5-4）

在实际工作中，由于工程的情况比较复杂，工程形象进度的统计，主、次材料采购和使用不可能很精确。因此，工程备料款的回扣方法也可由发包人和承包人通过洽商用合同的形式予以确定，还可针对工程实际情况具体处理。如有些工程工期较短、造价较低，就无须分期扣还；有些工程工期较长（如跨年度工程），其备料款的占用时间很长，根据需要可以少扣或不扣。在国际工程承包中，国际土木建筑施工承包合同也对工程预付款回扣做了规定，其方法比较简单，一般当工程进度款累计金额达到合同价格的10% ~ 20% 时开始起扣，每月从支付给承包人的工程款内按预付款占合同总价的同一百分比扣回。

二、工程进度款

所谓工程进度款，是指承包人在施工过程中，根据合同约定的结算方式，按月或形象进度或控制界面，按已经完成的工程量计算各项费用，向发包人办理工程结算的过程，也叫中间结算。工程进度款支付程序是：承包人提交已完工程量报告→工程师确认→发包人审批认可→支付工程进度款。

（一）工程进度款的计算

为了保证工程施工的正常进行，发包人应根据合同的约定和有关规定按工程的形象进度按时支付工程进度款。

建筑工程发承包双方应当按照合同约定，定期或者按工程进度分阶段进行工程款结算。在确认计量结果后 14 天内，发包人应向承包人支付工程款（进度款）。发包人超过约定的支付时间不支付工程款（进度款），承包人可向发包人发出要求付款的通知，发包人接到承包人通知后仍不能按要求付款，可与承包人协商签订延期付款协议，经承包人同意后可延期支付。协议应明确延期支付的时间和从计量结果确认后第 15 天起计算应付款的贷款利息。发包人不按合同约定支付工程款（进度款），双方又未达成延期付款协议，导致施工无法进行，承包人可停止施工，由发包人承担违约责任。

工程进度款的计算主要涉及两个方面：一是工程量的核实确认，二是单价的计算方法。工程量的核实确认，应由承包人按协议条款约定的时间，向发包人代表提交已完工程量清单或报告，发包人代表接到工程量清单或报告后 7 天内按设计图纸核实已完工程数量，经确认的计量结果作为工程价款的依据。发包人代表收到已完工程量清单或报告后 7 天内未进行计量，从第 8 天起，承包人报告中开列的工程量即视为确认，可作为工程价款支付的依据。

工程进度款单价的计算方法，主要根据由发包人和承包人事先约定的工程价格的计价方法决定。一般来讲，工程价格的计价方法可以分为工料单价法和综合单价法两种方法。所谓工料单价法是指单位工程分部分项的单价为直接成本单价，按现行计价定额的人工、材料和机械台班的消耗量及其预算价格确定，其他直接成本、间接成本、利润（酬金）、税金等按现行计算方法计算。所谓综合单价法是指单位工程分部分项工程量的单价是全部费用单价，既包括直接成本，也包括间接成本、利润（酬金）、税金等一切费用。二者在选择时，既可采取可调价格的方式，即工程价格在实施期间可随价格变化而调整，也可采取固定价格的方式，即工程价格在实施期间不因价格变化而调整。在工程价格中已考虑价格风险因素，并在合同中明确了固定价格所包括的内容和范围。实际工程中工程进度款单价的计算方法采用的是可调工料单价法和固定综合单价法。

（二）工程进度款的支付

工程进度款的支付是工程施工过程中的经常性工作，其具体的支付时间、方式都应在合同中做出规定。

1. 时间规定和总额控制

建筑安装工程进度款的支付，一般实行月中按当月施工计划工作量的 50% 支付，月末按当月实际完成工作量扣除上半月支付数进行结算，工程竣工后办理竣工结算的办法。在工程竣工前，施工单位收取的备料款和工程进度款的总额，一般不得超过合同金额（包括工程合同签订后经发包人签证认可的增减工程价值）的 95%，其余 5% 尾款，在工程竣工结算时除保修金外一并清算。承包人向发包人出具履约保函或其他保证的，可以不留尾款。

2. 操作程序

承包人月中按月度施工计划工作量的 50% 收取工程款时，应填写特制的工程付款结算账单，送发包人或工程师确认后办理收款手续。每月终了时，承包人应根据当月实际完成的工作量以及单价和费用标准，计算已完工程价值，编制特制的工程价款结算账单和已完工程量月报表送发包人或工程师审查确认后办理结算。一般情况下，审查确认应在 5 天内完成。

（三）付款方式

承包人收取工程进度款，可以按规定采用汇兑、委托收款、支票、本票等各种手段，但应按开户银行的有关规定办理；工程进度款也可以使用期票结算，发包人在开户银行存款总额内开出一定期限的商业汇票，交承包人，承包人待汇票到期后持票到开户银行办理收款；还可以因地域情况采用同城结算和异地结算的方式。总之，工程进度款的付款方式可从实际情况出发，由发包人和承包人商定和选择。

（四）关于总包和分包付款

通常情况下，发包人只办理总包的付款事项。分包人的工程款由分包人根据总分包合同规定向总包提出分包付款数额，由总包人审查后列入工程价款结算账单统一向发包人办理收款手续，然后结转给分包人。由发包人直接指定的分包人，可以由发包人指定总包人代理其付款，也可以由发包人单独办理付款，但须在合同中约定清楚，事先征得总包人的同意。

第二节　工程变更价款的确定

一、工程变更的概念、分类及处理要求

（一）工程变更的概念

工程变更顾名思义是工程局部做出修改而引起工程项目、工程量增（减）等的变化，包括设计变更、进度计划变更、施工条件变更等。

（二）工程变更的分类

由于工程建设的周期长、涉及的经济关系和法律关系复杂，受自然条件和客观因素

的影响大，导致项目的实际情况与项目招标投标的情况相比会发生一些变化。工程变更包括工程量变更、工程项目变更（如发包人提出增加或删除原项目内容）、进度计划变更、施工条件变更等。如果按照变更的起因划分，变更的种类有很多，如发包人的变更指令（包括发包人对工程有了新的要求、发包人修改项目计划、发包人削减预算、发包人对项目进度有了新的要求等）；由于设计错误，必须对设计图纸做修改；工程环境变化；由于产生了新的技术和知识，有必要改变原设计、实施方案或实施计划；法律、法规或者政府对建设项目有了新的要求；等等。当然，这样的分类并不是十分严格的，变更原因也不是相互排斥的。这些变更最终往往表现为设计变更，因为我国要求严格按图施工，因此，如果变更影响了原来的设计，则首先应当变更原设计。考虑到设计变更在工程变更中的重要性，通常将工程变更分为设计变更和其他变更两大类。

1. 设计变更

在施工过程中如果发生设计变更，将对施工进度产生很大的影响。因此，应尽量减少设计变更，如果必须对设计进行变更，必须严格按照国家的规定和合同约定的程序进行。

由于发包人对原设计进行变更，以及经工程师同意的，承包人要求进行的设计变更，导致合同价款的增减及造成的承包人损失，由发包人承担，延误的工期相应顺延。

2. 其他变更

合同履行中发包人要求变更工程质量标准及发生其他实质性变更，由双方协商解决。

（三）工程变更的处理要求

1. 如果出现了必须变更的情况，应当尽快变更如果变更不可避免，不论是停止施工等待变更指令，还是继续施工，无疑都会增加损失。

2. 工程变更后，应尽快落实变更工作变更指令发出后，应当迅速落实指令，全面修改相关的各种文件。承包人也应当抓紧落实，如果承包人不能全面落实变更指令，则扩大的损失应当由承包人承担。

3. 对工程变更的影响应进行进一步分析工程变更的影响往往是多方面的，影响持续的时间也往往较长，对此应当有充分的分析。

二、工程变更的内容和控制

（一）工程变更的内容

1. 建筑物功能未满足使用上的要求引起工程变更

例如，某工厂的生产车间为多层框架结构，因工艺调整，需要增加一台进口设备。在对原设计荷载进行验算后，发现现有的设计荷载不能满足要求，需要加固、对设备所处部位如基础、柱、梁、板提供了新的变更施工图。

2. 设计规范修改引起的工程变更

一般来讲，设计规范相对成熟，但在某些特殊情况下，需要进行某种调整或禁止使用：例如，碎石桩基础作为地基处理的一种措施，在大多数地区是行之有效的，并得到了大量推广应用；但由于个别地区地质不符合设计或采用碎石桩的要求，同时地下水的过量开采，地下暗浜、流沙等发生频繁，不易控制房屋的沉降，因而受到禁止，原设计图不得不进行更改。

3. 采用复用图或标准图的工程变更

某些设计人和发包人（如房地产开发商）为节省时间，复用其他工程的图纸或采用标准图集施工，这些复用图或标准图在过去使用时，已做过某些设计变更，或虽未做变更，也仅适用原来所建设实施的项目，并不完全适用现时的项目。由于不加分析全部套用，在施工时不得不进行设计修改，从而引起变更。

4. 技术交底会上的工程变更

在发包人组织的技术交底会上，经承包人或发包人技术人员审查研究的施工图，发现的诸如轴线、标高、位置和尺寸、节点处理、建筑图与结构图互相矛盾等问题，提出意见而产生的设计变更。

5. 施工中遇到须要处理的问题引起的工程变更

承包人在施工过程中，遇到一些原设计未考虑到的具体情况，须进行处理，因而发生的工程变更。例如挖沟槽时遇到古河道、古墓或文物，经设计人、发包人和承包人研究，认为必须采用换土、局部增加垫层厚度或增设基础梁等办法进行处理造成的设计变更。

6. 发包人提出的工程变更

工程开工后，发包人由于某种需要，提出要求改变某种施工方法，如要求设计人按逆作施工法进行设计调整，或增加、减少工程项目，或缩短施工工费等。

7. 承包人提出的工程变更

这是指施工中由于进度或施工方面的原因，例如某种建筑材料一时供应不上，或无法采购，或施工条件不便，承包人认为需要改用其他材料代替，或者需要改变某些工程项目的具体设计等，而引起的设计变更。

可引起工程变更的原因很多，如合理化建议工程施工过程中发包人与承包人的各种洽商，都可能是工程变更的内容或会引起工程的变更。

（二）工程变更的控制

由于工程变更会增加或减少某些工程细目或工程量，引起工程价格的变化，影响工期甚至影响工程质量，又会增加无效的重复劳动，造成不必要的各种损失，因而设计人、发包人和承包人都有责任严格控制，尽量减少变更，为此，可从多方面进行控制。

1. 不提高建设标准

主要是指不改变主要设备和建筑结构，不扩大建筑面积，不提高建筑标准，不增加某些不必要的工程内容，避免结算超预算、预算超概算、概算超估算"三超"现象发生。如确属必要，应严格按照审查程序，经原批准机关同意，方可办理。

2. 不影响建设工期

有些工程变更由于提出的时间较晚，又缺乏必要的准备（如某些必需材料的准备、施工设备的调遣、人员的组织等），可能影响工期，忙中添乱，应该加以避免。承包人在施工过程中遇到困难而提出工程变更，一般也不应影响工程的交工日期，增加费用。

3. 不扩大范围

工程设计变更应该有一个控制范围，不属于工程设计变更的内容，不应列入设计变更。例如，设计时在满足设计规范和施工验收规范的条件下，可在施工图中说明钢筋搭接的方法、搭接倍数、钢筋锚固等。这样可以避免因设计不明确而可能提出采用钢筋锥螺纹、冷压套管、电渣压力焊等方法，引起设计变更，增加费用。即使由于材料供应上的原因不能满足钢筋的定尺长度规定，也可由承包人在技术交底会上提出建议，由发包人或设计人作为一般性的签证，适当微调，而不必作为设计变更，从而引起大的价格变化。

4. 建立工程变更的相关制度

工程发生变化，除了某些不可预测、无法事先考虑到的客观因素之外，其主要原因是规划欠妥、勘察不明、设计不周及工作疏忽等主观原因引起面积扩大、提高标准或增加不必要的工程内容等不良后果。要避免因客观原因造成的工程变更，就要提高工程的科学预测，保证预测的准确性。要避免因主观原因造成的工程变更，就要建立工程变更的相关制度。首先要建立项目法人制度，由项目法人对工程的投资负责；其次规划要完善，尽可能树立超前意识。还要强化勘察、设计制度，落实勘察、设计责任制，要有专人负责把关，认真进行审核，谁出事，谁负责，建立勘察、设计内部赔偿制度；更要加强工作人员的责任心，增强职业道德观念。在措施方面，既要有经济措施，又要有行政措施，还要有法律措施。只有建立完善的工程变更相关制度，才能有效地把工程变更控制在合理的范围之内。

5. 要有严格的程序

工程设计变更，特别是超过原设计标准和规模时，须经原设计审查部门批准取得相应的追加投资和有关材料指标。对于其他工程变更，要有规范的文件形式和流转程序。设计变更的文件形式可以是设计单位出具的设计变更单，其他工程变更应是根据洽商结果写成的洽商记录。变更后的施工图、设计变更通知单和洽商记录同时应经过三方或双方签证认可方可生效。

6. 合同责任

合同责任主要是民事经济责任。责任方应向对方承担民事经济责任，因工程勘察、设计、监理和施工等原因造成工程变更，从而导致非正常的经济支出和损失时，按其所应承担的责任进行经济赔偿或补偿。

第三节　工程索赔费用的确定

一、索赔的含义

发包人、承包人未能按施工合同约定履行自己的各项义务或发生错误，给另一方造成经济损失的，由受损方按合同约定提出索赔，索赔金额按施工合同约定支付。

索赔是当事人在合同实施过程中，根据法律、合同规定及惯例，对不应由自己承担责任的情况造成的损失，向合同的另一方当事人提出给予赔偿或补偿要求的行为。在工程建设的各个阶段，都有可能发生索赔，但在施工阶段索赔发生较多。

二、索赔的特征

从索赔的基本含义，可以看出索赔具有以下基本特征：

（一）索赔是双向的

不仅承包人可以向发包人索赔，发包人同样也可以向承包人索赔。由于实践中发包人向承包人索赔发生的频率相对较低，而且在索赔处理中，发包人始终处于主动和有利地位，对承包人的违约行为他可以直接从应付工程款中扣抵、扣留保留金或通过履约保函向银行索赔来实现自己的索赔要求。因此在工程实践中大量发生的、处理比较困难的是承包人向发包人的索赔，也是工程师进行合同管理的重点内容之一。承包人的索赔范围非常广泛，一般只要因非承包人自身责任造成其工期延长或成本增加，都有可能向发包人提出索赔。有时发包人违反合同，如未及时交付施工图纸、合格施工现场、决策错误等造成工程修改、停工、返工、窝工，未按合同规定支付工程款等，承包人可向发包人提出赔偿要求；也可能由于发包人应承担风险的原因，如恶劣气候条件影响、国家法规修改等造成承包人损失或损害时，也会向发包人提出补偿要求。

（二）只有实际发生了经济损失或权利损害，一方才能向对方索赔

经济损失是指因对方因素造成合同外的额外支出，如人工费、材料费、机械费、管

理费等额外开支；权利损害是指虽然没有经济上的损失，但造成了一方权利上的损害，如由于恶劣气候条件对工程进度的不利影响，承包人有权要求工期延长等。因此发生了实际的经济损失或权利损害，应是一方提出索赔的一个基本前提条件。有时上述两者同时存在，如发包人未及时交付合格的施工现场，既造成承包人的经济损失，又侵犯了承包人的工期权利，因此，承包人既要求经济赔偿，又要求工期延长；有时两者则可单独存在，如恶劣气候条件影响、不可抗力事件等，承包人根据合同规定或惯例则只能要求工期延长，不应要求经济补偿。

（三）索赔是一种未经对方确认的单方行为

它与我们通常所说的工程签证不同。在施工过程中签证是承发包双方就额外费用补偿或工期延长等达成一致的书面证明材料和补充协议，它可以直接作为工程款结算或最终增减工程造价的依据，而索赔则是单方面行为，对对方尚未形成约束力，这种索赔要求能否得到最终实现，必须通过双方确认（如双方协商、谈判、调解或仲裁、诉讼）后才能实现。

许多人一听到"索赔"两字，很容易联想到争议的仲裁、诉讼或双方激烈的对抗，因此往往认为应当尽可能避免索赔，担心因索赔而影响双方的合作或感情。实质上索赔是一种正当的权利或要求，是合情、合理、合法的行为，它是在正确履行合同的基础上争取合理的偿付，不是无中生有，无理争利。索赔同守约、合作并不矛盾、对立，索赔本身就是市场经济中合作的一部分，只要是符合有关规定的、合法的或者符合有关惯例的，就应该理直气壮地、主动地向对方索赔。大部分索赔都可以通过协商谈判和调解等方式获得解决，只有在双方坚持己见而无法达成一致时，才会提交仲裁或诉诸法院求得解决，即使诉诸法律程序，也应当被看成是遵法守约的正当行为。

三、索赔的作用

索赔与工程承包合同同时存在。它的主要作用有：

（一）保证合同的实施

合同一经签订，合同双方即产生权利和义务关系。这种权益受法律保护，这种义务受法律制约。索赔是合同法律效力的具体体现，并且由合同的性质决定。如果没有索赔和关于索赔的法律规定，则合同形同虚设，对双方都难以形成约束，这样合同的实施得不到保证，不会有正常的社会经济秩序。索赔能对违约者起警戒作用：使他考虑到违约的后果，尽力避免违约事件发生。所以索赔有助于工程双方更紧密的合作，有助于合同目标的实现。

（二）落实和调整合同双方经济责任关系

有权利，有利益，同时又应承担相应的经济责任。谁未履行责任，构成违约行为，造成对方损失，侵害对方权利，则应承担相应的合同处罚，予以赔偿。离开索赔，合同的责任就不能体现，合同双方的责权利关系就不平衡。

（三）维护合同当事人正当权益

索赔是一种保护自己，维护自己正当利益，避免损失，增加利润的手段。在现代承包工程中，如果承包商不能进行有效的索赔，不精通索赔业务，往往使损失得不到合理的、及时的补偿，不能进行正常的生产经营，甚至要倒闭。

（四）促使工程造价更合理

施工索赔的正常开展，把原来打入工程报价的一些不可预见费用，改为按实际发生的损失支付，有助于降低工程报价，使工程造价更合理。

四、施工索赔分类

（一）按索赔的合同依据分类

1. 合同中明示的索赔

合同中明示的索赔是指承包商所提出的索赔要求，在该工程项目的合同文件中有文字依据，承包商可以据此提出索赔要求，并取得经济补偿。这些在合同文件中有文字规定的合同条款，称为明示条款。

2. 合同中默示的索赔

合同中默示的索赔，即承包商的该项索赔要求，虽然在工程项目的合同条件中没有专门的文字叙述，但可以根据该合同条件的某些条款的含义，推论出承包商有索赔权。这种索赔要求，同样有法律效力，有权得到相应的经济补偿。这种有经济补偿含义的条款，在合同管理工作中被称为"默示条款"或称为"隐含条款"。

默示条款是一个广泛的合同概念，它包含合同明示条款中没有写入、但符合双方签订合同时设想的愿望和当时环境条件的一切条款。这些默示条款，或者从明示条款所表述的设想愿望中引申出来，或者从合同双方在法律上的合同关系引申出来，经合同双方协商一致，或被法律和法规所指明，都成为合同文件的有效条款，要求合同双方遵照执行。

（二）按索赔有关当事人分类

1. 承包人同业主之间的索赔

这是承包施工中最普遍的索赔形式。最常见的是承包人向业主提出的工期索赔和费用索赔;有时,业主也向承包人提出经济赔偿的要求,即"反索赔"。

2. 总承包人和分包人之间的索赔

总承包人和分包人,按照他们之间所签订的分包合同,都有向对方提出索赔的权利,以维护自己的利益,获得额外开支的经济补偿。分包人向总承包人提出的索赔要求,经过总承包人审核后,凡是属于业主方面责任范围内的事项,均由总承包人汇总编制后向业主提出;凡属总承包人责任的事项,则由总承包人同分包人协商解决。

3. 承包人同供货人之间的索赔

承包人在中标以后,根据合同规定的机械设备和工期要求,向设备制造厂家或材料供应人询价订货,签订供货合同。

供货合同一般规定供货商提供的设备的型号、数量、质量标准和供货时间等具体要求。如果供货人违反供货合同的规定,使承包人受到经济损失时,承包人有权向供货人提出索赔,反之亦然。

(三)按索赔目的分类

1. 工期索赔

由于非承包人责任的原因而导致施工进程延误,要求批准展延合同工期的索赔,称之为工期索赔。工期索赔形式上是对权利的要求,以避免在原定合同竣工日不能完工时,被业主追究拖期违约责任。一旦获得批准合同工期延展后,承包人不仅免除了承担拖期违约赔偿费的严重风险,而且可能提前工期得到奖励,最终仍反映在经济收益上。

2. 费用索赔

费用索赔的目的是要求经济补偿。当施工的客观条件改变导致承包人增加开支,要求对超出计划成本的附加开支给予补偿,以挽回不应由他承担的经济损失。

(四)按索赔的处理方式分类

1. 单项索赔

单项索赔是针对某一干扰事件提出的。索赔的处理是在合同实施的过程中,干扰事件发生时,或发生后立即执行,它由合同管理人员处理,并在合同规定的索赔有效期内提交索赔意向书和索赔报告,它是索赔有效性的保证。

单项索赔通常处理及时,实际损失易于计算。例如,工程师指令将某分项工程混凝土改为钢筋混凝土,对此只须提出与钢筋有关的费用索赔即可。

单项索赔报告必须在合同规定的索赔有效期内提交工程师,由工程师审核后交业主,由业主做答复。

2. 总索赔

总索赔又叫一揽子索赔或综合索赔。一般在工程竣工前，承包人将施工过程中未解决的单项索赔集中起来，提出一篇总索赔报告。合同双方在工程交付前后进行最终谈判，以一揽子方案解决索赔问题。

通常在如下几种情况下采用一揽子索赔：

（1）在施工过程中，有些单项索赔原因和影响都很复杂，不能立即解决，或双方对合同的解释有争议，而合同双方都要忙于合同实施，可协商将单项索赔留到工程后期解决。

（2）业主拖延答复单项索赔，使施工过程中的单项索赔得不到及时解决。在国际工程中，有的业主就以拖的办法对待索赔，常常使索赔和索赔谈判旷日持久，导致许多索赔要求堆积起来。

（3）在一些复杂的工程中，当干扰事件多，几个干扰事件同时发生，或有一定的连贯性，互相影响大，难以一一分清，则可以综合在一起提出索赔。

总索赔特点：①处理和解决都很复杂，由于施工过程中的许多干扰事件搅在一起，使得原因、责任和影响分析艰难，索赔报告的起草、审阅、分析、评价难度大。由于解决费用、时间补偿的拖延，这种索赔的最终解决还会连带引起利息的支付，违约金的扣留，预期的利润补偿，工程款的最终结算等问题。这会加剧索赔解决的困难程度。②为了索赔的成功，承包人必须保存全部的工程资料和其他作为证据的资料，这使得工程项目的文档管理任务极为繁重。③索赔的集中解决使索赔额集中起来，造成谈判困难。由于索赔额大，双方都不愿或不敢做出让步，所以争执更加激烈。通常在最终一揽子方案中，承包商往往必须做出较大让步，有些重大的一揽子索赔谈判一拖几年，花费大量的时间和金钱。对索赔额大的一揽子索赔，必须成立专门的索赔小组负责处理。在国际承包工程中，通常聘请法律专家，索赔专家，或委托咨询公司，索赔公司进行索赔管理。④由于合理的索赔要求得不到解决，影响承包人的资金周转和施工速度，影响承包人履行合同的能力和积极性。这样会影响工程的顺利实施和双方的合作。

五、施工索赔的原因

引起索赔的原因是多种多样的，以下是一些主要原因：

（一）业主违约

业主违约常常表现为业主或其委托人未能按合同规定为承包人提供应由其提供的、使承包人得以施工的必要条件，或未能在规定的时间内付款。比如业主未能按规定时间向承包人提供场地使用权，工程师未能在规定时间内发出有关图纸、指示、指令或批复，工程师拖延发布各种证书（如进度付款签证、移交证书等），业主提供材料等的延误或不符合合同标准，还有工程师的不适当决定和苛刻检查等。

（二）合同缺陷

合同缺陷常常表现为合同文件规定不严谨甚至矛盾、合同中的遗漏或错误。这不仅包括商务条款中的缺陷，也包括技术规范和图纸中的缺陷。在这种情况下，工程师有权做出解释。但如果承包人执行工程师的解释后引起成本增加或工期延长，则承包人可以为此提出索赔，工程师应给与证明，业主应给与补偿。一般情况下，业主作为合同起草人，他要对合同中的缺陷负责，除非其中有非常明显的含糊或其他缺陷，根据法律可以推定承包商有义务在投标前发现并及时向业主指出。

（三）施工条件变化

在土木建筑工程施工中，施工现场条件的变化对工期和造价的影响很大。由于不利的自然条件及障碍，常常导致涉及变更，工期延长或成本大幅度增加。

土建工程对基础地质条件要求很高，而这些土壤地质条件，如地下水、地质断层，熔岩孔洞、地下文物遗址等，根据业主在招标文件中所提供的材料，以及承包人在招标前的现场勘察，都不可能准确无误地发现，即使是有经验的承包人也无法事前预料。因此，基础地质方面出现的异常变化必然会引起施工索赔。

（四）工程变更

土建工程施工中，工程量的变化是不可避免的，施工时实际完成的工程量超过或小于工程量表中所列的预计工程量。在施工过程中，工程师发现设计、质量标准和施工顺序等问题时，往往会指令增加新的工作，改换建筑材料，暂停施工或加速施工，等等。这些变更指令必然引起新的施工费用，或需要延长工期。所有这些情况，都迫使承包人提出索赔要求，以弥补自己所不应承担的经济损失。

（五）工期拖延

大型土建工程施工中，由于受天气、水文地质等因素的影响，常常出现工期拖延。分析拖期原因、明确拖期责任时，合同双方往往产生分歧，使承包商实际支出的计划外施工费用得不到补偿，势必引起索赔要求。

如果工期拖延的责任在承包商方面，则承包商无权提出索赔。他应该以自费采取赶工的措施，抢回延误的工期；如果到合同规定的完工日期时，仍然做不到按期建成，则应承担误期损害赔偿费。

（六）工程师指令

工程师指令通常表现为工程师指令承包商加速施工、进行某项工作、更换某些材料、采取某种措施或停工等。工程师是受业主委托来进行工程建设监理的，其在工程中的作用是监督所有工作都按合同规定进行，督促承包商和业主完全合理地履行合同、保证合同顺利实施。为了保证合同工程达到既定目标，工程师可以发布各种必要的现场指令。相应地，因这种指令（包括指令错误）而造成的成本增加和（或）工期延误，承包商当然可以索赔。

（七）国家政策及法律、法令变更

国家政策及法律、法令变更，通常是指直接影响到工程造价的某些政策及法律、法令的变更，比如限制进口、外汇管制或税收及其他收费标准的提高。无疑，工程所在国的政策及法律、法令是承包商投标时编制报价的重要依据之一。就国际工程而言，合同通常都规定，从投标截止日期之前的第 28 天开始，如果工程所在国法律和政策的变更导致承包商施工费用增加，则业主应该向承包商补偿其增加值；相反，如果导致费用减少，则也应由业主受益。做出这种规定的理由是很明显的，因为承包商根本无法在投标阶段预测这种变更。就国内工程而言，因国务院各有关部门、各级建设行政管理部门或其授权的工程造价管理部门公布的价格调整，比如定额、取费标准、税收、上缴的各种费用等，可以调整合同价款。如未予调整，承包商可以要求索赔。

（八）其他承包商干扰

其他承包商干扰通常是指其他承包商未能按时、按序进行并完成某项工作、各承包商之间配合协调不好等而给本承包商的工作带来的干扰。大中型土木工程，往往会有几个承包商在现场施工。由于各承包商之间没有合同关系，工程师作为业主委托人有责任组织协调好各个承包商之间的工作；否则，将会给整个工程和各承包商的工作带来严重影响，引起承包商索赔。比如，某承包商不能按期完成他那部分工作，其他承包商的相应工作也会因此延误。在这种情况下，被迫延迟的承包商就有权向业主提出索赔。在其他方面，如场地使用、现场交通等，各承包商之间也都有可能发生相互干扰的问题。

（九）其他第三方原因

其他第三方原因通常表现为因与工程有关的其他第三方的问题而引起的对本工程的不利影响。比如，银行付款延误，邮路延误，港口压港等。由于这种原因引起的索赔往往比较难以处理。比如，业主在规定时间内依规定方式向银行寄出了要求向承包商支付款项的付款申请，但由于邮路延误，银行迟迟没有收到该付款申请，因而造成承包商没有在合同规定的期限内收到工程款。在这种情况下，由于最终表现出来的结果是承包商没有在规定时间内收到款项，所以承包商往往会向业主索赔。对于第三方原因造成的索赔，业主给予补偿后，业主应该根据其与第三方签订的合同规定或有关法律规定再向第三方追偿。

六、索赔程序

（一）承包人的索赔

承包人的索赔程序通常可分为以下几个步骤：

1. 索赔意向通知

在索赔事件发生后，承包人应抓住索赔机会，迅速做出反应。承包人应在索赔事件发生后的 28 天内向工程师递交索赔意向通知，声明将对此事件提出索赔。该意向通知是承包人就具体的索赔事件向工程师和业主表示的索赔愿望和要求。如果超过这个期限，工程师和业主有权拒绝承包人的索赔要求。

当索赔事件发生，承包人就应该进行索赔处理工作，直到正式向工程师和业主提交索赔报告。这一阶段包括许多具体的复杂的工作，主要有：

（1）事态调查，即寻找索赔机会。通过对合同实施的跟踪、分析、诊断、发现了索赔机会，则应对它进行详细的调查和跟踪，以了解事件经过、前因后果、掌握事件详细情况。

（2）损害事件原因分析，即分析这些损害事件是由谁引起的，它的责任应由谁来承担。一般只有非承包人责任的损害事件才有可能提出索赔。在实际工作中，损害事件的责任常常是多方面的，故必须进行责任分解，划分责任范围，按责任大小，承担损失。这里特别容易引起合同双方争执。

（3）索赔根据，即索赔理由，主要指合同文件。必须按合同判明这些索赔事件是否违反合同，是否在合同规定的赔偿范围之内。只有符合合同规定的索赔要求才有合法性、才能成立。例如，某合同规定，在工程总价 15% 的范围内的工程变更属于承包人承担的风险。则业主指令增加工程量在这个范围内，承包人不能提出索赔。

（4）损失调查，即为索赔事件的影响分析。它主要表现为工期的延长和费用的增加。如果索赔事件不造成损失，则无索赔可言。损失调查的重点是收集、分析、对比实际和计划的施工进度，工程成本和费用方面的资料，在此基础计算索赔值。

（5）搜集证据。索赔事件发生，承包人就应抓紧搜集证据，并在索赔事件持续期间一直保持有完整的当时记录。同样，这也是索赔要求有效的前提条件。如果在索赔报告中提不出证明其索赔理由，索赔事件的影响，索赔值的计算等方面的详细资料，索赔要求是不能成立的。在实际工程中，许多索赔要求都因没有，或缺少书面证据而得不到合理的解决。所以承包人必须对这个问题有足够的重视。通常，承包人应按工程师的要求做好并保持当时记录，并接受工程师的审查。

（6）起草索赔报告。索赔报告是上述各项工作的结果和总括。它表达了承包人的索赔要求和支持这个要求的详细依据。它决定了承包人索赔的地位，是索赔要求能否获得有利和合理解决的关键。

2. 索赔报告递交

索赔意向通知提交后的 28 天内，或工程师可能同意的其他合理时间内，承包人应递送正式的索赔报告。索赔报告的内容应包括：事件发生的原因，对其权益影响的证据资料，索赔的依据，此项索赔要求补偿的款项和工期展延天数的详细计算等有关材料。如果索赔事件的影响持续存在，28 天内还不能算出索赔额和工期展延天数时，承包人应按工程师合理要求的时间间隔（一般为 28 天），定期陆续报出每一个时间段内的索赔证据资料和索赔要求。在该项索赔事件的影响结束后的 28 天内，报出最终详细报告，提出索赔论证资料和累计索赔额。

承包人发出索赔意向通知后，可以在工程师指示的其他合理时间内再报送正式索赔报告，也就是说工程师在索赔事件发生后有权不马上处理该项索赔。如果事件发生时，现场施工非常紧张，工程师不希望立即处理索赔而分散各方抓施工管理的精力，可通知承包人将索赔的处理留待施工不太紧张时再去解决。但承包人的索赔意向通知必须在事件发生后的 28 天内提出，包括因对变更估价双方不能取得一致意见，而先按工程师单方面决定的单价或价格执行时，承包人提出的保留索赔权利的意向通知。如果承包人未能按时间规定提出索赔意向和索赔报告，则他就失去了该项事件请求补偿的索赔权力。此时他所受到损害的补偿，将不超过工程师认为应主动给予的补偿额，或把该事件损害提交仲裁解决时，仲裁机构依据合同和同期记录可以证明的损害补偿额。承包人的索赔权利就受到限制。

3. 工程师审核索赔报告

（1）工程师审核承包人的索赔申请

接到承包人的索赔意向通知后，工程师应建立自己的索赔档案，密切关注事件的影响，检查承包商的同期记录时，随时就记录内容提出他的不同意见之处或他希望应予以增加的记录项目。

在接到正式索赔报告以后，认真研究承包商报送的索赔资料。首先在不确认责任归属的情况下，客观分析事件发生的原因，重温合同的有关条款，研究承包商的索赔证据，并检查他的同期记录。其次通过对事件的分析，工程师再依据合同条款划清责任界限，如果必要时还可以要求承包人进一步提供补充资料。尤其是对承包人与业主或工程师都负有一定责任的事件影响，更应划出各方应该承担合同责任的比例。最后再审查承包人提出的索赔补偿要求，剔除其中的不合理部分，拟定自己计算的合理索赔款额和工期延展天数。

工程师收到承包人递交的索赔报告和有关资料后，应在 28 天内给予答复，或要求承包人进一步补充索赔理由和证据。如果在 28 天内既未予答复，也未对承包人做进一步要求的话，则视为承包人提出的该项索赔要求已经认可。

（2）索赔成立条件

工程师判定承包人索赔成立的条件为：①与合同相对照，事件已造成了承包人施工成本的额外支出，或直接工期损失；②造成费用增加或工期损失的原因，按合同约定不属于承包人的行为责任或风险责任；③承包人按合同规定的程序提交了索赔意向通知和索赔报告。

上述三个条件没有先后主次之分，应当同时具备。只有工程师认定索赔成立后，才按一定程序处理。

4. 工程师与承包人协商补偿

工程师核查后初步确定应予以补偿的额度，往往与承包人的索赔报告中要求的额度不一致，甚至差额较大。主要原因大多为对承担事件损害责任的界限划分不一致；索赔证据不充分；索赔计算的依据和方法分歧较大等，因此双方应就索赔的处理进行协商。通过协商达不成共识的话，承包商仅有权得到所提供的证据满足工程师认为索赔成立那部分的付款和工期延展。不论工程师通过协商与承包人达到一致，还是他单方面做出的处理决定，批准给予补偿的款额和延展工期的天数如果在授权范围之内，则可将此结果通知承包商，并抄送业主。补偿款将计入下月支付工程进度款的支付证书内，延展的工期加到原合同工期中去。如果批准的额度超过工程师权限，则应报请业主批准。

对于持续影响时间超过 28 天以上的工期延误事件，当工期索赔条件成立时，对承包人每隔 28 天报送的阶段索赔临时报告审查后，每次均应做出批准临时延长工期的决定，并于事件影响结束后 28 天内承包人提出最终的索赔报告后，批准延展工期总天数。应当注意的是，最终批准的总延展天数，不应少于以前各阶段已同意延展天数之和。规定承包人在事件影响期间必须每隔 28 天提出一次阶段索赔报告，可以使工程师能及时根据同期记录批准该阶段应予延展工期的天数，避免事件影响时间太长而不能准确确定索赔值。

5. 工程师索赔处理决定

在经过认真分析研究与承包人、业主广泛讨论后，工程师应该向业主和承包人提出自己的《索赔处理决定》。工程师收到承包人送交的索赔报告和有关资料后，于 28 天内给予答复，或要求承包人进一步补充索赔理由和证据。工程师在 28 天内未予答复或未对承包人做出进一步要求，则视为该项索赔已经认可。

工程师在《索赔处理决定》中应该简明地叙述索赔事项、理由和建议给予补偿的金额及（或）延长的工期。《索赔评价报告》则是作为该决定的附件提供的。它根据工程师所掌握的实际情况详细叙述索赔的事实依据、合同及法律依据，论述承包人索赔的合理方面及不合理方面，详细计算应给予的补偿。《索赔评价报告》是工程师站在公正的立场上独立编制的。

通常，工程师的处理决定不是终局性的，对业主和承包人都不具有强制性的约束力。在收到工程师的《索赔处理决定》后，无论业主还是承包人，如果认为该处理决定不公正，都可以在合同规定的时间内提请工程师重新考虑。工程师不得无理拒绝这种要求。一般来说，对工程师的处理决定，业主不满意的情况很少，而承包人不满意的情况较多。承包人如果持有异议，他应该提供进一步的证明材料，向工程师进一步表明为什么其决定是不合理的。有时甚至需要重新提交索赔申请报告，对原报告做一些修正，补充或做一些让步。如果工程师仍然坚持原来的决定，或承包人对工程师的新决定仍不满，则可以按合同中的仲裁条款提交仲裁机构仲裁。

6. 业主审查索赔处理

当工程师确定的索赔额超过其权限范围时，必须报请业主批准。

业主首先根据事件发生的原因、责任范围、合同条款审核承包商的索赔申请和工程师的处理报告，再依据工程建设的目的、投资控制、竣工投产日期要求以及针对承包人在施工中的缺陷或违反合同规定等的有关情况，决定是否批准工程师的处理意见，而不能超越合同条款的约定范围。例如，承包人某项索赔理由成立，工程师根据相应条款规定，既同意给予一定的费用补偿，也批准展延相应的工期。但业主权衡了施工的实际情况和外部条件的要求后，可能不同意延展工期，而宁可给承包人增加费用补偿额，要求他采取赶工措施，按期或提前完工。这样的决定只有业主才有权做出。索赔报告经业主批准后，工程师即可签发有关证书。

7. 承包人是否接受最终索赔处理

承包人接受最终的索赔处理决定，索赔事件的处理即告结束。如果承包人不同意，就会导致合同争议。通过协商双方达到互谅互让的解决方案，是处理争议的最理想方式。如达不成谅解，承包人有权提交仲裁解决。

（二）发包人的索赔

《建设工程施工合同示范文本》规定，承包人未能按合同约定履行自己的各项义务或发生错误而给发包人造成损失时，发包人也应按合同约定承包人索赔的时限要求，向承包人提出索赔。

七、索赔费用的计算

索赔费用的项目与合同价款的构成类似，也包括直接费、管理费、利润等。索赔费用的计算方法，基本上与报价计算相似。

实际费用法是索赔计算最常用的一种方法。一般是先计算与索赔事件有关的直接费用，然后计算应分摊的管理费、利润等。关键是选择合理的分摊方法。由于实际费用所依据的是实际发生的成本记录或单据，在施工过程中，系统而准确地积累记录资料非常重要。

（一）人工费索赔

人工费索赔包括完成合同范围之外的额外工作所花费的人工费用，由于发包人责任的工效降低所增加的人工费用，由于发包人责任导致的人员窝工费，法定的人工费增长等。

（二）材料费索赔

材料费索赔包括完成合同范围之外的额外工作所增加的材料费，由于发包人责任的材料实际用量超过计划用量而增加的材料费，由于发包人责任的工程延误所导致的材料价格上涨和材料超期储存费用，有经验的承包人不能预料的材料价格大幅度上涨等。

（三）施工机械使用费索赔

施工机械使用费索赔包括完成合同范围之外的额外工作所增加的机械使用费，由于发包人责任的工效降低所增加的机械使用费，由于发包人责任导致机械停工的窝工费等。机械窝工费的计算，如系租赁施工机械，一般按实际租金计算（应扣除运行使用费用）；如系承包人自有施工机械，一般按机械折旧费加人工费（司机工资）计算。

（四）管理费索赔

按国际惯例，管理费包括现场管理费和公司管理费。由于我国工程造价没有区别现场管理费和公司管理费，因此有关管理费的索赔须综合考虑。现场管理费索赔包括完成合同范围之外的额外工作所增加的现场管理费，由于发包人责任的工程延误期间的现场管理费等。对部分工人窝工损失索赔时，如果有其他工程仍然在进行（非关键线路上的工序），一般不予计算现场管理费索赔。公司管理费索赔主要指工期延误期间所增加的公司管理费。

参照国际惯例，管理费的索赔有下面两种主要的分摊计算方法。

$$日管理费 = \frac{合同价款中所包括的管理费}{合同工期}$$

（5-5）

$$管理费索赔额 = 日管理费 \times 合同延误天数$$

（5-6）

$$单位直接费的管理费率 = \frac{管理费总额}{总直接费} \times 100\%$$

（5-7）

$$管理费索赔额 = 索赔直接费 \times 单位直接费的管理费率$$

（5-8）

八、工程师索赔管理原则

要使索赔得到公正合理的解决，工程师在工作中必须遵守以下原则：

（一）公正原则

工程师作为施工合同的中介人，他必须公正地行事，以没有偏见的方式解释和履行合同，独立地做出判断，行使自己的权力。由于施工合同双方的利益和立场存在不一致，常常会出现矛盾，甚至冲突，这时工程师起着缓冲、协调作用。他的立场，或者公正性的基本点有如下几个方面：

（1）他必须从工程整体效益、工程总目标的角度出发做出判断或采取行动。使合同风险分配，干扰事件责任分担，索赔的处理和解决不损害工程整体效益和不违背工程总目标。在这个基本点上，双方常常是一致的，例如使工程顺利进行，尽早使工程竣工，投入生产，保证工程质量，按合同施工等。

（2）按照法律规定（合同约定）行事。合同是施工过程中的最高行为准则。作为工程师更应该按合同办事，准确理解，正确执行合同。在索赔的解决和处理过程中应贯穿合同精神。

（3）从事实出发，实事求是。按照合同的实际实施过程、干扰事件的实情、承包商的实际损失和所提供的证据做出判断。

（二）及时履行职责原则

在工程施工中，工程师必须及时地（有的合同规定具体的时间，或在合理的时间内）行使权力，做出决定，下达通知，指令，表示认可或满意等。这有如下重要作用：

（1）可以减少承包人的索赔机会。因为如果工程师不能迅速及时地行事，造成承包人的损失，必须给予工期或费用的补偿。

（2）防止干扰事件影响的扩大。若不及时行事会造成承包人停工等待处理指令，或承包人继续施工，造成更大范围的影响和损失。

（3）在收到承包人的索赔意向通知后应迅速做出反应，认真研究密切注意干扰事件的发展。一方面可以及时采取措施降低损失；另一方面可以掌握干扰事件发生和发展的过程，掌握第一手资料，为分析、评价、反驳承包人的索赔做准备。所以工程师也应鼓励并要求承包人及时向他通报情况，并及时提出索赔要求。

（4）不及时地解决索赔问题将会加深双方的不理解、不一致和矛盾。由于不能及时解决索赔问题，承包人资金周转困难，积极性受到影响，施工进度放慢，对工程师和业主缺乏信任感；而业主会抱怨承包人拖延工期，不积极履约。

（5）不及时行事会造成索赔解决的困难。单个索赔集中起来，索赔额积累起来，不仅给分析，评价带来困难，而且会带来新的问题，使问题复杂化。

（三）协商一致原则

工程师在处理和解决索赔问题时应及时地与业主和承包人沟通，保持经常性的联系。在做出决定，特别是调整价格、决定工期和费用补偿，做调解决定时，应充分地与合同双方协商，最好达成一致，取得共识。这是避免索赔争执的最有效的办法。工程师应充分认识到，如果他的调解不成功，使索赔争执升级，则对合同双方都是损失，将会严重影响工程项目的整体效益。在工程中，工程师切不可凭借他的地位和权力武断行事，滥用权力，特别对承包人不能随便以合同处罚相威胁，或盛气凌人。

（四）诚实信用原则

工程师有很大的工程管理权力，对工程的整体效益有关键性的作用。业主依赖他，将工程管理的任务交给他；承包人希望他公正行事。但他的经济责任较小，缺少对他的制约机制。所以工程师的工作在很大程度上依靠他自身的工作积极性，责任心，他的诚实和信用，靠他的职业道德来维持。

第四节　工程价款结算

一、工程价款结算方法

（一）工程价款结算的重要意义

所谓工程价款结算是指承包人在工程实施过程中，依据施工承包合同中关于付款条款的规定和已经完成的工程量，并按照规定的程序向建设单位（业主）收取工程价款的一项经济活动。

工程价款结算是工程项目承包中的一项十分重要的工作，主要表现在：

（1）工程价款结算是反映工程进度的主要指标在施工过程中，工程价款结算的依据之一就是按照已完成的工程量进行结算。也就是说，承包人完成的工程量越多，所应结算的工程价款就应越多。所以，根据累计已结算的工程价款占合同总价款的比例，能够近似地反映出工程的进度情况，有利于准确掌握工程进度。

（2）工程价款结算是加速资金周转的重要环节承包人能够尽快尽早地结算工程价款，有利于偿还债务，也有利于资金的回笼，降低内部运营成本。通过加速资金周转，提高资金使用的有效性。

（3）工程价款结算是考核经济效益的重要指标对于承包人来说，只有工程价款如数地结算，才意味着避免了经营风险，承包人也才能够获得相应的利润，进而达到良好的经济效益。

（二）工程价款结算依据

工程价款结算应按合同约定办理。合同未做约定或约定不明的，发承包双方应依照下列规定与文件协商处理：①国家有关法律、法规和规章制度。②国务院建设行政主管部门、省、自治区、直辖市或有关部门发布的工程造价计价标准、计价办法等有关规定。③建设项目的合同、补充协议、变更签证和现场签证，以及经发承包人认可的其他有效文件。④其他可依据的材料。

（三）工程价款的主要结算方式

我国现行工程价款结算根据不同情况，可采取多种方式。工程进度款的结算与支付应当符合下列规定：

（1）按月结算与支付即实行按月支付进度款，竣工后清算的方法。合同工期在两个年度以上的工程，在年终进行工程盘点，办理年度结算。我国现行建筑安装工程价款结算中，相当一部分实行这种按月结算与支付的方法。

（2）分段结算与支付即当年开工，当年不能竣工的单项工程或单位工程按照工程形象进度，划分不同阶段进行支付工程进度款。具体划分在合同中进行明确规定。

（四）工程价款的结算程序

我国现行建设工程价款结算中，相当一部分是实行按月结算的。这种结算办法是按分部分项工程，即以假定建筑安装产品为对象，按月结算（或预支），待工程竣工后再办理竣工结算，一次结清，找补余款。

按分部分项工程结算，便于建设单位和银行根据工程进展情况控制分期付款额度，也便于施工单位的施工消耗及时得到补偿，并同时实现利润，且能按月考核工程成本的执行情况。①工程预付款及工程进度款施工企业承包工程一般都实行包工包料，这就需要有一定数量的备料周转金。在工程承包合同条款中，一般要明文规定发包人（甲方）在开工前拨付给承包人（乙方）一定限额的工程预付备料款。此预付款构成施工企业为该承包工程项目储备主要材料、结构件所需的流动资金。工程进度款是施工企业在施工过程中，按逐月（或形象进度、控制界面等）完成的工程数量计算各项费用，向建设单位（业主）办理工程进度价款。②工程变更价款及工程索赔费用工程变更及索赔费用的确定，一般伴随工程进度款支付一并考虑，但也有在工程竣工结算前完成的。③工程价款价差的确定在经济发展过程中，物价水平是动态的、经常不断变化的，有时上涨快、有时上涨慢，有时甚至表现为下降。工程建设项目中合同周期较长的项目，随着时间的推移，经常要受到物价浮动等多种因素的影响，其中主要是人工费、材料费、施工机械费和运费等的动态影响。因此有必要在工程价款结算中充分考虑动态因素，也就是要把多种动态因素纳入结算过程中认真加以计算，使工程价款结算能够基本上反映工程项目的实际消耗费用。这对避免承包人（或业主）遭受不必要的损失，获取必要的调价补偿，从而维护合同双方的正当权益是十分必要的。

工程价款价差调整的方法有工程造价指数调整法、实际价格调整法、调价文件计算法和调值公式法等。

1. 工程造价指数调整法

这种方法是承发包方采用当时的预算（或概算）定额单价计算出承包合同价，待竣工时，根据合理的工期及当地工程造价管理部门所公布的该月度（或季度）的工程造价指数，对原承包合同价予以调整。调整重点为由于实际人工费、材料费和施工机械费等费用上涨及工程变更因素造成的价差，并对承包人给予调价补偿。

2. 实际价格调整法

在我国，由于建筑材料需要市场采购的范围越来越大，有些地区规定对钢材、木材、水泥等三大材的价格采取按实际价格结算的方法。工程承包人可凭发票按实报销。这种方法方便而准确。但由于是实报实销，因而承包人对降低成本不感兴趣，为了避免副作用，地方主管部门要定期发布最高限价，同时合同文件中应规定建设单位或工程师有权要求承包人选择更廉价的供应来源。

3. 调价文件计算法

这种方法是承发包方采取按当时的预算价格承包，在合同工期内，按照造价管理部门调价文件的规定，进行抽料补差（在同一价格期内按所完成的材料用量乘以价差。也有的地方定期发布主要材料供应价格和管理价格，对这一时期的工程进行抽料补差）。

4. 调值公式法

根据国际惯例，对建设项目工程价款的动态结算一般采用调值公式法。事实上，在绝大多数国际工程项目中，甲乙双方在签订合同时就明确列出调值公式，并以此作为价差调整的计算依据。

建筑安装工程费用价格调值公式一般包括固定部分、材料部分和人工部分。但当建筑安装工程的规模和复杂性增大时，公式也变得更为复杂。调值公式一般为：

$$P = P_0 \left(a_0 + a_1 \frac{A}{A_0} + a_2 \frac{B}{B_0} + a_3 \frac{C}{C_0} + a_4 \frac{D}{D_0} + \cdots \right)$$

$$(5-9)$$

式中： P ——调值后合同价款或工程实际结算款；

P_0 ——合同价款中工程预算进度款；

a_0 ——固定要素，代表合同支付中不能调整的部分占合同总价中的比重；

$a_1, a_2, a_3, a_4 \cdots$ ——代表有关各项费用（如，人工费用、钢材费用、水泥费用、运输费等）在合同总价中所占比重 $a_0 + a_1 + a_2 + a_3 + a_4 + \cdots = 1$；

$A_0, B_0, C_0, D_0 \cdots$ ——基准日期与 $a_1, a_2, a_3, a_4 \cdots$ 对应的各项费用的基期价格指数或价格；

$A, B, C, D \cdots$ ——与特定付款证书有关的期间最后一天的 49 天前与 $a_1, a_2, a_3, a_4 \cdots$ 对应的各项费用的现行价格指数或价格。

在运用这一调值公式进行工程价款价差调整中要注意以下几点：

①固定要素通常的取值范围在 0.15 ～ 0.35。固定要素对调价的结果影响很大，它与调价余额成反比关系。固定要素微小的变化，隐含着在实际调价时很大的费用变动，所以，承包人在调值公式中采用的固定要素取值要尽可能偏小。

②调值公式中有关的各项费用，按一般国际惯例，只选择用量大、价格高且具有代表性的一些典型人工费和材料费，通常是大宗的水泥、砂石料、钢材、木材和沥青等，并用它们的价格指数变化综合代表材料费的价格变化，以便尽量与实际情况接近。

③在许多招标文件中要求承包人在投标中提出各部分成本的比重系数，并在价格分析中予以论证。但也有的是由发包人（业主）在招标文件中规定一个允许范围，由投标人在此范围内选定。例如，某水电站工程的招标书对外币支付项目各费用比重系数范围做了如下规定：外籍人员工资 0.10 ～ 0.20；水泥 0.10 ～ 0.16；钢材 0.09 ～ 0.13；设备 0.35 ～ 0.48；海上运输 0.04 ～ 0.08，固定系数 0.17。并规定允许投标人根据其施工方法在上述范围内选用具体系数。

④调整有关各项费用要与合同条款规定相一致。例如，签订合同时，承发包双方一般应商定调整的有关费用和因素，以及物价波动到何种程度才进行调整。在国际工程中，一般在超过 ±5% 时才进行调整。如有的合同规定，在应调整金额不超过合同原始价 5% 时，由承包人自己承担；在 5% ～ 20% 时，承包人负担 10%，发包人（业主）负担 90%；超过 20% 时，则必须另行签订附加条款。

⑤调整有关各项费用应注意地点与时点。地点一般指工程所在地或指定的某地市场价格。时点是指某月某目的市场价格。这里要确定两个时点价格，即签订合同时间某个时点的市场价格（基础价格）和每次支付前一定时间的时点价格。这两个时点就是计算调值的依据。

⑥确定每个品种的系数和固定要素系数，品种的系数要根据该品种价格对总造价的影响程度而定。各品种系数之和加上固定要素系数应该等于 1。

（五）工程保修金（尾留款）

按照有关规定，工程项目总造价中应预留出一定比例的尾留款作为质量保修费用（又称保留金），待工程项目保修期结束后最后拨付。有关尾留款应如何扣除，一般有两种做法：①当工程进度款拨付累计额达到该建筑安装工程造价的一定比例（一般为 95% ～ 97%）时，停止支付，预留造价部分作为尾留款。②尾留款（保留金）的扣除也可以从发包人向承包人第一次支付的工程进度款开始，在每次承包人应得的工程款中扣留投标书附录中规定金额作为保留金，直至保留金总额达到投标书附录中规定的限额为止。

（六）其他费用

1. 安全施工方面的费用

承包人按工程质量、安全及消防管理有关规定组织施工，采取严格的安全防护措施，承担由于自身的安全措施不力造成事故的责任和因此发生的费用。非承包人责任造成的安全事故，由责任方承担责任和发生的费用。

发生重大伤亡及其他安全事故时，承包人应按有关规定立即上报有关部门并通知工程师，同时按政府有关部门要求处理，发生的费用由事故责任方承担。

承包人在动力设备、输电线路、地下管道、密封防震车间、易燃易爆地段以及临街交通要道附近施工时，施工开始前应向工程师提出安全保护措施，经工程师认可后实施，防护措施费用由发包人承担。

实施爆破作业，在放射、毒害性环境中施工（含存储、运输、使用）及使用毒害性、腐蚀性物品施工时，承包人应在施工前 14 天以书面形式通知工程师，并提出相应的安全保护措施，经工程师认可后实施。安全保护措施费用由发包人承担。

2.专利技术及特殊工艺涉及的费用

发包人要求使用专利技术或特殊工艺的，须负责办理相应的申报手续，承担申报、试验、使用等费用。承包人按发包人要求使用，并负责试验等有关工作。承包人提出使用专利技术或特殊工艺的，报工程师认可后实施。承包人负责办理申报手续并承担有关费用。

擅自使用专利技术侵犯他人专利权的，责任者承担全部后果及所发生的费用。

3.文物和地下障碍物涉及的费用

在施工中发现古墓、古建筑遗址等文物及化石或其他有考古、地质研究等价值的物品时，承包人应立即保护好现场并于 4 小时内以书面形式通知工程师，工程师应于收到书面通知后 24 小时内报告当地文物管理部门，承发包双方按文物管理部门的要求采取妥善的保护措施。发包人承担由此发生的费用，延误的工期相应顺延。

如施工中发现古墓、古建筑遗址等文物及化石或其他有考古、地质研究等价值的物品，隐瞒不报致使文物遭受破坏的，责任方、责任人依法承担相应责任。

施工中发现影响施工的地下障碍物时，承包人应于 8 小时内以书面形式通知工程师，同时提出处置方案，工程师收到处置方案后 8 小时内予以认可或提出修正方案。发包人承担由此发生的费用，延误的工期相应顺延。

二、竣工结算的编制与审查

（一）竣工结算概述

1.竣工结算的意义

一般来讲，任何一项工程，不管其投资主体或资金来源如何，只要是采取承发包方式营建并实行按工程预算、结算的，当工程竣工点交后，承包人与发包人都要办理竣工结算。从理论上讲，实行按投资概算包干或按施工图预算包干的工程以及招标投标发包的工程，不存在竣工结算问题，只要依照合同，合同价就是分次支付和最终结清工程价款的依据。但从我国建设市场运作的实际情况和工程建设的一般规律来看，一方面由于立项、报批、可行性研究、规划、勘察和设计等制度还不完善，项目法人制度不健全，行政干预的情况较严重，市场机制不成熟，承发包双方法制观念不强，合同意识淡薄等，在项目上马以后，往往产生工程条件不成熟，工程规模、建设标准变化大，设计修改多，合同存有先天性缺陷或隐患，造成实行投资的该包干的包干不了，实行招标投标的其范围又涵盖不了工程的全部情况，造价调整频繁。另一方面，工程建设是一项系统工程，受到很多方面的牵制，工程的初始阶段和结束阶段难免有所调整，就是实行投资包干的工程也会考虑预留一些调整余地，例如增加一定的不可预见系数，以满足调整的需要。

因而在施工合同中往往订立有关调整价格和经济补偿的特别条款，发包人承诺必要时负担某些费用，在项目竣工阶段就可能出现补充结算的情况，以对承发包、价格进行最后的调整。因此，办理竣工结算仍是发包人和承包人合同部门的重要职责，也是咨询机构、代理人员的主要工作之一。

办理竣工结算，实际上就是按编制施工图预算、招标投标报价、工程变更价款、工程索赔款的方法确定工程的最终建筑安装价格，承包人通过竣工结算，最终取得工程项目的应收价款。发包人与承包人共同编制、审核、认可的工程竣工结算书，是银行支付款项的依据。同时，发包人与承包人双方的财务部门，也要根据竣工结算书办理往来款的清账结算，如发包人扣回承包人已支的预付款和进度款，应收的发包人供材料款、设备款和水电费等其他代付费用竣工结算办理完毕后，承包人一方面要据此调整实际完成的建筑安装工程工作量，另一方面要对照分析考核成本，即工程盈亏情况，与分包人办理结算；发包人要据此调整投资计划，对超支的投资应设法平衡补上，对节约的投资可安排他用工程竣工结算文件不仅是竣工决算的重要依据，还是一种历史性资料在实际工作中，有些竣工结算文件也是主管部门编制建筑安装技术经济指标和价格指数的重要来源，也是咨询代理人、承包人编制标底、投标报价的重要信息资源。

2. 竣工结算的原则

办理工程竣工结算，要求遵循以下基本原则：

（1）任何工程的竣工结算，必须在工程全部完工、经点交验收并提出竣工验收报告以后方能进行。对于未完工程或质量不合格者，一律不得办理竣工结算对于竣工验收过程中提出的问题，未经整改达到设计或合同要求，或已整改而未经重新验收认可者，也不得办理竣工结算。当遇到工程项目规模较大且内容较复杂时，为了给竣工结算创造条件，应尽可能提早做好结算准备，在施工进入最后收尾阶段即将全面竣工之前，结算双方取得一致意见，就可以开始逐项核对结算的基础资料，但办理结算手续仍应到竣工以后，不能违反原则，擅自结算。

（2）工程竣工结算的各方应共同遵守国家有关法律、法规、政策方针和各项规定，要依法办事，防止抵触、规避法律、法规、政策方针和其他各项规定及弄虚作假行为的发生。要对国家负责，对集体负责，对工程项目负责，对投资主体的利益负责，严禁通过竣工结算，高估冒算，甚至串通一气，套用国家和集体资金，挪作他用或牟取私利。

（3）工程竣工结算一般都会涉及许多具体复杂的问题，要坚持实事求是，针对具体情况具体分析，从实际出发，对于具体疑难问题的处理要慎重，要有针对性，做到既合法，又合理，既坚持原则，又灵活对待。不得以任何借口和强调特殊原因，高估冒算和增加费用，也不得无理压价，以致损害对方的合法利益。

（4）应强调合同的严肃性。合同是工程结算最直接、最主要的依据之一，应全面履行工程合同条款，包括双方根据工程实际情况共同确认的补充条款同时，应严格执行双方据以确定合同造价的包括综合单价、工料单价及取费标准和材料设备价格等计价方法，不得随意变更，变相违反合同以达到不正当目的。

（5）办理竣工结算必须依据充分，基础资料齐全。包括设计图纸、设计修改手续、现场签证单、价格确认书、会议记录、验收报告和验收单，其他施工资料，原施工图预算和报价单，发包人提供材料及设备清单等，保证竣工结算建立在事实基础上，防止走过场或虚构事实的情况发生。

3. 竣工结算的程序

办理竣工结算应按一定的程序进行。由于建设工程的施工周期大多比较长，跨年度的工程较多，且多数情况下作为一个项目的整体可能包括很多单位工程，涉及面广。各个单位工程的完工按计划有先有后，承包人不能等到建设项目报竣工时统一来办理结算。因此在实际工作中，竣工结算以单位工程为基础，完成一项，结算一项，直至项目全部完成为止。以下是竣工结算的一般程序：

（1）对确定作为结算对象的工程项目内容进行全面认真的清点，备齐结算依据和资料。

（2）以单位工程为基础，对施工图预算、报价的内容，包括项目、工程量、单价及计算方面进行检查核对。为了尽可能做到竣工结算不漏项，可在工程即将竣工时，召开单位内部由施工、技术、材料、生产计划、财务和预算人员参加的办理竣工结算预备会议，必要时也可邀请发包人、监理单位等参加会议，做好核对工作。包括：①核对开工前施工准备与水、电、煤气、路、污水、通信、供热、场地平整等"七通一平"。②核对土方工程挖、运数量，堆土处置的方法和数量；③核对基础处理工作，包括淤泥、流砂、暗浜、河流、塌方等引起的基础加固有无漏算；④核对钢筋混凝土工程中的钢筋含量是否按规定进行调整，包括为满足施工需要所增加的钢筋数量；⑤核对加工订货的规格、数量与现场实际施工数量是否相符；⑥核对特殊工程项目与特殊材料单价有无应调整而未调整的；⑦核对室外工程设计要求与施工实际是否相符；⑧核对因设计修改引起的工程变更记录与增减账是否相符；⑨核对分包工程费用支出与预算收入是否有矛盾。⑩核对施工图要求与施工实际有无不符的项目；⑪核对单位工程结算书与单项工程结算书有关相同项目、单价和费用是否相符；⑫核对施工过程中有关索赔的费用是否有遗漏。⑬核对其他有关的事实、根据、单价和与工程结算相关联的费用。

经检查核对，如发生多算、漏算或计算错误以及定额分部分项或单价错误，应及时进行调整漏项应予补充，如有重复或多算应删减。

（3）对发包人要求扩大的施工范围和由于设计修改、工程变更、现场签证引起的增减预算进行检查，核对无误后，分别归入相应的单位工程结算书。

（4）将各个专业的单位工程结算分别以单项工程为单位进行汇总，并提出单项工程综合结算书。

（5）将各个单项工程汇总成整个建设项目的竣工结算书。

（6）编写竣工结算编制说明，内容主要为结算书的工程范围、结算内容、存在的问题以及其他必须加以说明的事宜。

（7）复写、打印或复印竣工结算书，经相关部门批准后送发包人审查签认。

（二）竣工结算方法

竣工结算方法同编制施工图预算或投标报价的方法在很多地方基本一样，可以相通，但也有所不同，有其特点，主要应从以下几个方面着手：

1. 注重检查原施工图预算、报价单和合同价

在编制竣工结算的工作中，一方面，应当注重检查原预算价、报价和合同价，熟悉所必备的基础资料，尤其是对报价的单价内容，即每个分项内容所包括的范围，哪些项目允许按设计和招标要求予以调整或换算，哪些项目不允许调整和换算都应予以充分了解。另一方面，要特别注意项目所示的计算单位，如 $1m^3$、$10m^3$、$1m^2$、$100m^2$、$1m$、$100m$、t、个、座、只等，计算调整工程量所示的计量单位，一定要与原项目计量单位相符合；对用定额的，就要熟悉定额子目的工作内容、计量单位、附注说明、分项说明、总说明及定额中规定的工、料、机的数量，从中发现按定额规定可以调整和换算的内容；对合同价，主要是检查合同条款对合同价格是否可以调整的规定。

2. 熟悉竣工图纸，了解施工现场情况

工作人员在编制竣工结算前，必须充分熟悉竣工图，了解工程全貌，对竣工图中存在的矛盾和问题应及时提出。要克服进行竣工结算时自认为已经熟悉施工图及怕麻烦的思想，应充分认识到竣工图是反映工程全貌和最终反映工程实际情况的图纸。同时还要了解现场全过程实际情况，如土方是挖运还是填运，土壤的类别，运输距离，是场外运输还是场内运输，钢筋混凝土和钢构件采用什么方法运输、吊装，采用哪种脚手架进行施工，等等。如已按批准的施工方案实施的可按施工方案办理，如没有详细明确的施工方案，或施工方案有调整的，则应向有关人员了解清楚，这样才能正确确定有关分部分项的工程量和工程价格，避免竣工结算与现场脱节，影响结算质量和脱离实际的情况发生。

3. 计算和复核工程量

计算和复核工程量的工作在整个竣工结算过程中仍是重要的一道工序。尽管原先做施工图预算和报价时已经完成了大量的计算任务，但由于设计修改、工程变更等原因会

引起工程量的增减或重叠，有些子目有时会有重大的变化甚至推倒重来，所以不仅要对原计算进行复核，而且有可能需要重新计算。因此，计算和复核工作量花费的时间有时会很长，会影响结算的及时性，只有充分予以重视，才能保证结算的质量和如期完成。

工程量的计算和复核应与原工程量计算口径相一致，对新增子目的，可以直接按照国家和地方的工程量计算规则的规定办理。

4.汇总竣工工程量

工程量计算复核完毕经仔细核对无误后，一般应根据预算定额或原报价的要求，按分部分项工程的顺序逐项汇总，整理列项，列项可以分为增加栏目和减少栏目，既为套用单价提供方便，也可以使发包人在审核时方便对照。对于不同的设计修改、签证但内容相同的项目，应先进行同类合并，在备注栏内加以说明以免混淆或漏算。

5.套用原单价或确定新单价

汇总的工程结算工程量经核对无误就可以套用原定额单价和报价单价。选用的单价应与原预算或原报价的单价相同，对于新增的项目必须与竣工结算图纸要求的内容相适应，分项工程的名称、规格、计量单位要与预算定额分部分项工程所列的内容一致，施工预算或原报价中没有相同的单价时，应按定额或原报价单价相类似的项目确定价格，没有相类似项目的价格时，应由承包人根据定额编制的基本方法、原则或报价确定或合同确定的基本原则编制一次性补充单价作为结算的依据，以免重套、漏套或错套单价以及不符合实际的乱定价，影响工程结算。

6.正确计算有关费用

单价套完经核对无误后，应计算合价，并按分部分项计算分部工程的价格，再把各分部的价格相加得合计。如果是按预算定额、可调工料单价估价法或固定综合单价估价法编制结算的，应根据这些计算方法和当地的规定，分别按价差调整办法计算价差，求出管理费、利润、税金等，然后把这些费用相加就得出该单位工程的结算总造价。

7.做竣工结算工料分析

竣工结算工料分析是承包人进行经济核算的重要工作和主要指标，也是发包人进行竣工决算总消耗量统计的必要依据，同时还是提高企业管理水平的重要措施，此外还是造价主管机构统计社会平均物耗水平真实的信息来源。做竣工结算工料分析，应按以下方法进行：

（1）逐项从竣工结算中的分项工程结算中查出各种人工、材料和机械的单位用量并乘以该工程项目的工程量，就可以得出该分项工程各种人工、材料和机械的数量。

（2）按分部分项的顺序，将各分部工程所需的人工、材料和机械分别进行汇总，得出该分部工程各人工、材料和机械的数量。

（3）将各分部工程进行再汇总，就得出该单位工程各种人工、材料和机械的总数量，并可进而得知万元和平方米的消耗量。在进行工料分析时，要注意把钢筋混凝土、钢结构等制品、半制品单独进行分析，以便进行成本核算和结算"三大材"指标。

8. 写竣工结算编制说明

编写竣工结算说明，应明确结算范围、依据和发包人供材料的基本内容、数量，对尚不明确的事实做出说明。

（1）竣工结算范围既是项目的范围，也包括专业工程范围。工程项目范围可以是全部建设工程或单项工程和单位工程，应视具体情况而定；专业工程范围是指土建工程，安装工程，防水、耐酸等特殊工程，在明确专业工程范围时应注意竣工图已有反映，但由发包人直接发包的专业项目，以免引起误解。

（2）竣工结算依据主要应写明采用的竣工图纸及编号，采用的计价方法和依据，现行的计价规定，合同约定的条件，招标文件及其他有关资料。

（3）发包人供材料的基本内容通常为钢材、木材、水泥、设备和特殊材料，应列明规格数量和供货的方式，以便财务清账，一目了然。

（三）竣工结算的审查与监督

1. 竣工结算的审查

竣工结算书编制完成后，须按照一定的程序进行审查确认才能生效。发包人在收到承包人提出的工程竣工结算书后，由发包人或其委托的具有相应资质的工程咨询代理单位对之进行审查，并按合同约定的时间提出审查意见，作为办理竣工结算的依据。

竣工结算的审查目的在于保证结算的合法性和合理性，正确反映工程所需的费用，只有经审核的竣工结算才具有合法性，才能得到正式的确认，从而成为发包人与承包人支付款项的有效凭证。

（1）竣工结算审查方法

竣工结算审查有全面审查法、重点审查法、经验审查法和分析对比法等。

①全面审查法。顾名思义是对结算项目进行全面的审查，包括招标投标文件，合同的约定条款，工程量和单价、取费等各项费用，等等，是按各分部分项施工顺序和定额分部分项顺序，对各个分项工程中的工程细目从头到尾逐一详细审查的一种方法，是最全面、最彻底、最客观、最有效且符合竣工结算审查根本要求的一种审查方法。竣工结算直接涉及利益分配，随着市场经济机制的建立和进一步发展成熟，发包人以及承包人

的经济意识不断增强，必然会对之予以高度重视。此外，工程招投标代理机构和相关的咨询机构也以较快的速度发展起来，适应市场变化，参与到承发包价格的控制和管理活动中来，以服务的方式和较强的专业技术力量进行价格审查。因此，全面审查法已成为竣工结算常用的和主要的方法之一。

②重点审查法。是抓住竣工结算重点进行审核，例如选择工程量大的或造价较高的项目进行重点审查，对补充单价进行重点审查，对计取的各项费用进行重点审查，对招标投标项目尤其是对现场签证、设计修改所增加的费用进行重点审查。

③经验审查法。主要是凭实践经验，审查容易发生差错的那部分工程量等问题，如土方工程，会遇到土壤类别、挖土放坡比例、挖运和填运、土方堆置相互混淆和交叉等问题；又如钢筋工程，施工图往往不能很详细地反映现浇钢筋混凝土构件交叉节点：搭接、定尺长度和施工措施用钢筋等。凭经验发现差错，较容易解决问题。

④分析对比法。是针对相类似的建筑物，特别是通常使用定型标准图和标准设计的城镇住宅建设的审查方法。例如用单元组合的条形住宅，通过分析对比只要解决合用轴线部分的工程量分配问题，就可很快地在标准消耗量上进行调整，得到较准确的结算依据。

总之，竣工结算审查的方法很多，除了以上的方法外，还有统筹审核法、快速审核法、分组计算审核法和利用手册审核法等，在这里不一一赘述，仅以全面审查法对竣工结算的审查法和内容进行介绍。

（2）竣工结算审查的主要内容

竣工结算的主要内容，应放在招标投标文件、合同约定的条款、工程量是否正确、单价套用是否正确、各项费用是否符合现行规定等方面。

①审查招标投标文件及合同约定的条款。建设工程承发包，或是采用公开招标、邀请招标、议标方式，或是采用直接发包、指定发包方式，每种发包方式最终都以合同或协议的形式规定双方的权利和义务。采用招标投标方式的有招标书、投标书等，其实质是要约邀请、要约、承诺的过程。合同一般在适用格式条款基础上，对具体可变的某种情况进行调整。例如，每个工程都有其特征，即使同样的工程由于建设工程周期有长有短，时期不一，环境地域不同，市场价格变化大，供求关系变化大，也都会影响发包人的招标策略。如采用预算定额报价方式的，由于供求关系发生了变化，发包人提出按预算定额下降一定的幅度；某些材料的用量很大，对造价有很大的影响，发包人根据已有的生产或采购便利，以发包人供材料方式供货且要求施工管理费用按规定的费率乘以折扣系数；开办费用一次报价，包干使用等，这些调整都是审查的内容，

是发包人和承包人在招标投标及订立合同时的要约和承诺，也是竣工结算时必须遵守的。采用直接发包或指定发包的，发包人通常会要求承包人明示人工单价、主要材料单价、施工设备台班单价、费用、利润标准等，以合同条款制约承包人，也是一方要约，一方承诺。作为承包人，需要对招标投标文件和合同约定的条款予以响应，并作为自己的义务。因此，竣工结算审查一开始，首先要对招标文件和合同条款进行审查，以指导工程量和单价费用的审查。

②审查工程量。审查工程量应先审查是否按计算规则进行计算，建筑物的实体与按计算规则计算出的实物工程量概念不同，结果并不完全相等，前者可以直接用数学计算式进行计算，而后者则须先执行计算规则，在计算规则指导下再用数学计算式进行计算，只有按计算规则计算的实物工程量才符合规范。

③审查分部分项子目。审查分部分项子目可按施工顺序和预算定额顺序，如按定额顺序审查，可从土石方工程，桩基础工程，脚手架工程，砌筑工程、钢筋混凝土、混凝土工程等的先后顺序一一进行对照审查，该方法看起来很麻烦，不相干的子目也审查了，其实定额子目排列是有规律的，用此方法能达到事半功倍的效果。同时，遇到特殊工程时，应加以注意，这样可以帮助审查者不漏项、不重复。在审查过程中，每审查一个子目后在工程量计算书上标一记号，待按所有定额顺序审查后，如有未标记号的剩余项就是遗漏项，可以引起重视，达到审查效果。

④审查单价套用是否正确。审查结算单价，应注意以下几个方面：结算单价是否与报价单价相符，子目内容没有变化的仍应套用原单价，如单价有变化的，则要查明原因；内容发生变化的要分析具体的内容，审查单价是否符合成立的条件。结算单价是否与预算定额的单价相符，其名称、规格、计量单位和所包括的工程内容是否相一致。对换算的单价，首先要审查换算的分项工程是否定额所允许的，其次审查换算的过程是否正确。对补充的单价，要审查补充单价是否符合预算定额编制原则，或报价时关于工、料、机的约定，单位估价表是否正确。

2. 竣工结算的监督

我国建设市场经济活动的情况表明，竣工结算历来是一个难点和热点。由于各种原因，建设工程投资失控，结算超预算、预算超概算、概算超估算的现象仍然普遍存在。因此，加强竣工结算监督已变得越来越重要。建立竣工结算的监督制度，将十分有利于提高工作人员的业务素质，调整各方利益，合理控制造价，防止腐败现象的发生。

（1）加强竣工结算的外部监督

①法律、规范监督。竣工结算的法律、规范监督首先是要建立起竣工结算相应的法

律、规范制度，当前《中华人民共和国合同法》《中华人民共和国建筑法》《中华人民共和国招标投标法》《建设工程工程量清单计价规范》《建议工程施工合同（示范文本）》等是竣工结算的法律和规范性文件。随着社会的进一步发展，指导竣工结算的针对性较强的各地各部门的实施办法或实施细则也将陆续出台。其次是有法必依、依法办事，要求发包人、承包人、咨询代理人等必须严格遵照法律、法规的规定，在法律、法规允许的范围内进行竣工结算工作，避免违法行为发生。再次是完善人民法院、仲裁委员会对于竣工结算合同双方当事人的争议进行司法鉴定、仲裁、判决的法律手段和程序，以法律的方式维护当事人的合法权益，保障当事人的权利不受侵犯，保证建设市场的正常运行。对于在竣工结算过程中有触犯刑事法律行为的，应按《中华人民共和国刑法》的规定严惩不贷。

②行政监督。各级人民政府的主管部门应是竣工结算行政监督的主体。工程承发包管理机构对工程竣工结算负有监督责任。政府部门的行政监督主要是运用宏观管理手段，通过咨询代理机构资质和人员资格的培训、考核、申请、批准，认定有资质的咨询代理人和有资格的专业技术人员持证参与竣工结算活动；对于发包人，可以允许其自己办理竣工结算，但要符合基本条件，如不符合，则应委托有资质的单位或有资格的人员办理；同时，可以定期对咨询机构人员进行再教育培训、复查、评比、处理，以提高人员的整体素质。其次，政府和国有集体投资的工程项目竣工结算，应按有关规定报经工程承发包管理机构和有关部门审定。工程承发包管理机构有权定期和不定期地抽查工程竣工结算。对于其他工程竣工结算双方的争议，也可根据双方的要求进行调解，从而起到监督的作用。

③行业监督。随着改革的发展和深化，经济活动受市场支配的因素日益增大，行业监督已经显示出较强的社会性作用。在国外，行业监督是竣工结算的主要监督方式。在国内，要加强咨询代理机构、人员的行业监督，就应建立健全行业组织，规定行业会员准入制，在行业组织内，要加强行业自律和进行职业道德教育以及公德教育，可实行批评教育、劝退、制裁等方式，从而净化行业组织，扩大和提高行业在社会上的影响，使注册的机构和人员能够得到市场的承认。

④社会监督。社会监督是竣工结算体系的重要组成部分。社会监督不像其他监督那样有直接的联系，但它有自己独特的作用和意义。通过社会监督，如党的监督、人民群众团体的监督，专业性学术团体的监督、新闻舆论的监督，可以使竣工结算审查过程中没有被发现的问题及时得到反映，暴露在广大人民群众的视野之中，促进对竣工结算审查违法犯罪行为的揭露，有利于公开、公平、公正，有利于防止和惩治腐败现象的发生，有利于提高竣工结算的工作质量。

（2）实行竣工结算的内部

①承包人的监督。办理竣工结算时，承包人应指定有资格的人员持证上岗操作，竣工结算完成后，交相关部门流转核对无误，签上编制人员的姓名，复核人员进行复核并签名后，交单位主管领导审核，最后盖上单位的公章或合同专用章送交发包人，从而保证竣工结算质量。

②发包人的监督。发包人对竣工结算文件进行研究后，应成立以主管人员为主，相关人员参与的审查班子进行监督管理。相关人员对相关的事务负责，如物资、设备采购人员应对物资和设备提出清单交主管人员审核；财务人员应将财务支付列出清单交主管人员；现场人员应对现场从开工到工程竣工验收后的所有签证、现场记录、会议备忘录等进行整理后交由主管人员。所有关于竣工结算的材料收齐后，再由主管人员根据实际情况，提出建议，或自办竣工结算，或委托咨询代理机构办理竣工结算，最后由发包人的主管负责人进行审定。在委托办理竣工结算时，应派专人对口予以协助和跟踪审查，竣工结算审查结束以后，应写出竣工结算的专题总结报告。

③咨询代理人的监督。咨询代理人是办理竣工结算审查的专业单位，应建立完整、规范的操作制度，应有持专业执业证书的人员上岗，每个工程项目由于涉及多项专业，应由主审人牵头，专业人员各司其职，不能互相代替。所有的计算公式、套用的单价和取费等，均应增加透明度，防止暗箱操作、秘密交易或无理拒绝对方的建议和意见；需要多人受理和商洽的，不可以单独参与。竣工结算审查完成，签上审核人的名字后，应由专人复核，复核后也需签名并盖上咨询代理机构的审核专用章，写出竣工结算审查报告。发包人、承包人对审查报告有异议的，可向咨询代理人的行业行政主管部门提出复审的申请，经核准的，可以进行复审。

（3）强调竣工结算监督的时间顺序

按时间顺序为标准，竣工结算的监督可分为事前监督、事中监督和事后监督。事前监督是指为防患于未然，在竣工结算之前实施监督，此种监督可采取教育、签订工作责任状及廉正协议之类的办法，做到未雨绸缪；事中监督是指在竣工结算过程中，根据事先制定的考核标准以及中间信息反馈，对竣工结算实施监督，这种监督比较有效，可将可能发生的各种问题在其发生之前予以解决；事后监督是指监督竣工结算实施结束之后对各方面的行为进行监督审查，以便及时处理和补救。三个阶段的监督按时间顺序前后相接，使竣工结算始终处于有效的控制和监督之中。

（4）建立违反竣工结算基本职责的惩罚制度

竣工结算应严禁弄虚作假，高估冒算等不正当行为。对于不正当的竣工结算行为，有关部门和单位应当按照有关法律、法规的规定建立惩戒制度给予处罚；对于咨询代理机构，视其违纪行为可采取包括限期改正，降低资质等级，暂扣、吊销资质证书，责令停止活动、予以警告或没收非法所得、罚款等；因严重失职或者业务水平低劣，造成委托方重大经济损失的，应当承担相应的民事赔偿责任；因单位违反法律构成犯罪的，依法追究单位主管人员的刑事责任；对于咨询代理人员可采取批评、教育、警告、暂扣或吊销资格证书，如因严重失职或者业务水平低劣，造成他方损失的，应追究其个人连带责任；对玩忽职守、滥用职权、徇私舞弊、索贿受贿的执行者，构成犯罪的，依法追究刑事责任。

第六章 竣工阶段的工程造价管理

第一节 竣工验收

一、竣工验收的概念

建设项目竣工验收指的是承包人按施工合同完成了工程项目的全部任务，经检验合格，由发包人、承包人和项目验收委员会，依据设计任务书、设计文件以及国家或部门颁发的施工验收规范和质量检验标准，对工程项目进行检验、综合评价和鉴定的过程。竣工验收是建设项目的最后一个环节，是全面检验建设工作、审查投资使用合理性的重要环节，是投资成果转入生产或使用的标志性阶段。

二、工程竣工验收的范围及依据

（一）工程竣工验收的范围

国家颁布的建设法规指出，凡是新建、扩建及改建的建设项目和技术改造项目，按照符合国家标准的设计文件完成了工程内容，经验收合格，具体指的是，工业投资项目通过负荷试车，能够生产出合格的指定产品；非工业投资项目达到设计要求，可以正常使用，这两类工程项目都应进行及时验收，完成固定资产移交手续。

（二）工程竣工验收的依据

竣工验收的主要依据包括：

①经批准的与项目建设相关的文件，包括可行性研究报告、初步设计、技术设计等。

②工程设计文件，包括施工图纸及说明、设备技术说明书等。

③国家颁布的各种标准和规范。

④合同文件，包括施工承包的工作内容和要求，以及施工过程中的设计修改变更通知书等。

三、工程竣工验收的方式与程序

（一）建设项目竣工验收的方式

建设项目的竣工验收应遵循一定的程序，按照建设项目总体计划的要求及施工进展的实际情况分阶段进行。根据竣工验收对象的不同，主要包括如下几种竣工验收：

1. 单位工程竣工验收（中间验收）

单位工程竣工验收指的是承包人针对单位工程，独立签订建设工程施工合同，在满足竣工要求后，承包人能单独进行交工，业主则按照竣工验收的依据和标准，对合同中规定的内容进行竣工验收。由监理单位组织，业主和承包人共同参与竣工验收。根据此阶段的验收资料可进行最终验收。按照施工承包合同的约定，施工完成到某一阶段后要进行中间验收，以及主要的工程部位施工在完成隐蔽前须进行验收。

2. 单项工程竣工验收（交工验收）

单项工程竣工验收指的是在总体工程建设项目中，已按照设计图纸完成了某一个单项工程的内容，且具备使用条件或能够生产指定的产品，此时，承包人会向监理单位交出工程竣工报告和报验单，待确认后向业主发出交付竣工验收通知，应说明工程完工情况、竣工验收准备情况、设备无负荷单机试车情况，规定此阶段涉及的工作活动。需要注意的是，该阶段的工作由业主组织，施工单位、监理单位、设计单位及使用单位等有关部门均参与。

通过投标竞争来承包的单项工程，应依据合同规定，由承包人向业主发出交付竣工验收通知请求组织验收。

3. 工程整体竣工验收（动用验收）

工程整体竣工验收指的是已按合同规定完成全部建设项目，并满足竣工验收要求，由发包人组织设计、施工、监理等单位和档案部门在单位工程、单项工程竣工验收合格的基础上进行的活动。对于大中型和超过限额的项目由国家发改委或由其委托项目主管部门或地方政府部门进行验收工作；对于小型和没达到限额的项目由项目主管部门进行验收工作。

（二）建设项目竣工验收的程序

在完成建设项目的建设内容后，各单项工程具备验收条件的情况下，编制有关文件（包括竣工图表、竣工决算、工程总结等），承包人向验收部门申请进行交工验收，由后者按照一定程序对建设项目进行验收。

1. 承包人申请交工验收

已建项目达到了合同中规定的建设内容或移交项目的条件时，便能申请进行交工验收。在建设项目满足竣工要求时，需要对其开展预检验，确保工程质量合格。如不符合要求，应确定相应的补救措施，并进行适当修补。进行以上操作后，应编制相关文件，由承包人提出交工验收的申请。

2. 监理工程师现场初验

监理工程师审查初验报告，进行现场初步验收，主要检验工程的质量是否符合要求以及相关文件是否齐全等。若检查出了任何问题，应将其形成书面文件，下发给承包人，由承包人针对该问题进行整改，问题较为严重时则需要返工。在承包人完成整改工作后，监理工程师再次进行检验，若检验合格，则签署初验报告单，并进行工程质量评估。

3. 正式验收

由业主或监理工程师组织，业主、监理单位、设计单位、施工单位、工程质量监督站等部门共同参与正式验收的过程，其具体工作程序为：①检查竣工工程，核对相应的工程资料；②举行现场验收会议；③办理竣工验收签证书，签字盖章。

4. 单项工程验收

单项工程验收，又称交工验收，依据国家颁布的技术规范和施工承包合同进行验收。应检查以下几点：①检查、核实准备发给发包人的技术资料的完整性和准确性；②根据合同和设计文件，检查已完工程是否有遗漏项；③检查工程质量、关键部位施工与隐蔽工程的验收情况；④检查试车记录及过程中出现的问题是否需要修改；⑤在验收过程中，如果有需要修改、返工的，应该规定具体的完成期限；⑥其他问题。

工程项目通过验收，由合同双方签订交工验收证书。发包人汇总技术资料、试车记录和验收报告等上交主管部门，一经审批便可以使用。一般来说，通过单项工程验收的工程，在下一阶段的全部工程竣工验收时，可不进行进一步的验收操作。

5. 全部工程的竣工验收

进行全部工程的竣工验收时，具体包括以下几个方面：①发出竣工验收通知书；②组织竣工验收；③签发竣工验收证明书；④进行工程质量评定；⑤整理各种技术文件材料；⑥办理固定资产移交手续；⑦办理工程决算；⑧签署竣工验收鉴定书。

四、竣工验收管理

（一）工程竣工验收报告

工程竣工验收应依据经审批的建设文件和工程实施文件，满足国家法律法规及相关部门对竣工条件的规定和合同中规定的验收要求，提出《工程竣工验收报告》，由承包人、发包人及项目相关组织签署意见，并进行签名、加盖单位公章。

由于各地工程竣工验收具有不同的专业特点和工程类别，故其具有不同的验收报告格式。

（二）工程竣工验收管理

1. 国务院建设行政主管部门监督管理全国工程竣工验收。

2. 县级以上地方人民政府建设行政主管部门监督管理所在行政区域内的工程竣工验收，并委托工程质量监督机构实施监督。

3. 建设单位组织工程竣工验收。

4. 工程竣工验收的具体监督范围包括工程竣工验收的组织形式、验收程序、执行验收标准等，若存在不符合建设工程项目质量管理规定的情况，应令其进行整改。工程竣工验收的监督情况是工程质量监督报告的重要内容。

第二节 竣工决算

一、竣工决算的概念与作用

（一）竣工决算的概念

竣工决算综合了建成项目从筹建之初到投入使用全过程的建设费用、建设成果以及财务状况的总结性文件，是组成竣工验收报告的重要内容。进行竣工决算，既可以准确反映建设工程的实际造价和投资结果，便于业主掌握工程投资金额；又可以将其与概算、预算进行对比，进而考核投资管理的效果，从中吸取经验教训，积累技术经济方面的基础资料，为以后提高工程项目的投资效益打下基础。因此，竣工结算能够反映建设工程的经济效益，便于项目负责人核定各类资产的价值、办理建设项目的交付使用。

（二）竣工决算的作用

竣工决算对建设单位具有重要作用，具体表现在以下几个方面：①竣工结算利用货币指标、实物数量、建设工期和各种技术经济指标，全面地反映工程项目自建设初期到竣工的全部建设成果以及财务状况。②竣工决算是办理交付使用资产的依据，也是组成竣工验收报告的重要内容。在承包人与业主办理交付资产验收的交接手续时，可以从竣工决算掌握交付资产的全部价值。③通过竣工结算来审查设计概算的执行效果，考核投资控制的效益。

二、竣工决算的内容

工程建设项目的竣工决算包括从筹建到竣工全过程的实际投入金额，具体为建筑安装工程费、设备工器具购置费、预备费及其他费用等。

（一）竣工财务决算说明书

竣工财务决算说明书可反映竣工项目的建设成果，能够对竣工决算报表进行补充说明，能用于考核分析工程投资与造价，具体内容主要有如下几项：①建设项目概况；②资金来源及使用等财务分析；③基本建设收入、投资包干结余、竣工结余资金的上交分配情况；④各项经济技术指标的分析；⑤工程建设的经验及项目管理和财务管理工作以及竣工财务决算中有待解决的问题；⑥需要说明的其他事项。

（二）竣工财务决算报表

根据财政部印发的有关规定和通知，建设项目竣工财务决算报表应根据大、中型建设项目和小型项目分别制定。

1. 建设项目竣工财务决算审批表

该表是用于竣工决算时上报有关部门的建设项目竣工财务决算审批表，适用于大、中、小型项目，具体格式是按大、中型及小型工程项目的审批要求进行设计的。对于地方级项目，有权根据审批要求进行合理修改。

2. 大、中型建设项目概况表

该表综合反映大、中型建设项目的基本概况，可用于全面考核和分析投资效益。

3. 大、中型建设项目竣工财务决算表

应在编制项目竣工年度财务决算的基础上，依据项目竣工年度财务决算和历年的财务决算来编制大、中型建设项目竣工财务决算。

4. 大、中型建设项目交付使用资产总表

主要体现了项目进行交付时固定资产、流动资产、无形资产和其他资产价值的情况，可用于进行财产交接、检查投资计划完成情况和分析投资效果。

5. 建设项目交付使用资产明细表

详细记录了交付使用的固定资产、流动资产、无形资产和其他资产及其价值。对于大、中、小型工程项目均应使用此表。

6. 小型建设项目竣工财务决算总表

对于小型建设项目来说，其涉及的内容较少，故通常将该工程的概况与财务情况编制为竣工财务决算总表，从而体现小型建设项目的工程和财务情况。

（三）建设工程竣工图

建设工程竣工图是用于记录各种建筑物和构筑物等情况的技术文件，是进行交工验收、维护、改建和扩建的依据，是技术档案中不可缺少的部分。该图的编制离不开建设、设计、施工单位和各主管部门的共同参与。根据国家的有关规定，对于各项新建、扩建、改建的基本建设工程，特别是基础、地下建筑、管线、结构、港口、水坝、桥梁、井巷以及设备安装等隐蔽部位，都应该绘制详细的竣工平面示意图。为了提供真实可靠的资料，在施工过程中应及时对这些隐蔽工程进行检查记录，整理好设计变更文件。不同工程建设项目的竣工图具有不同形式和深度，在编制时，应注意以下几点：①对于按照原施工图竣工的建设工程，由承包人在原施工图上加盖"竣工图"标志，即为竣工图。②在施工过程中，对原施工图进行了一般性设计变更，且不需要重新绘制施工图，仅需要在原施工图上进行修改补充来作为竣工图。具体来说，应由承包人在原施工图上注明修改的部分，并补充设计变更通知单和施工说明，加盖"竣工图"标志。③在施工过程中，对结构形式、施工工艺、平面布置、项目等进行了调整，以及出现其他重大调整，不能对原施工图进行修改、补充，则需要绘制实际的竣工图。④为了达到进行竣工验收和竣工决算的要求，还须绘制反映竣工工程整体情况的工程设计平面图。⑤若重大的改建、扩建项目中存在原有工程项目变更，那么需要把涉及项目的竣工图进行统一归档，并在原图案卷内增补必要的说明一起归档。

三、竣工决算的编制

（一）竣工决算的编制依据

1. 经批准的可行性研究报告及投资估算。

2. 招投标标底价格、承包合同、工程结算资料。

3. 设计交底或图纸会审纪要。

4. 施工记录、施工签证单及其他施工费用记录。

5. 竣工图及竣工验收资料。

6. 历年基建资料、历年财务决算及批复文件。

7. 设备、材料调价文件及记录。

8. 有关财务制度及其他相关资料。

（二）竣工决算的编制程序

1. 收集、整理和分析原始资料

在编制竣工决算文件前，应收集、整理出相关的技术资料、经济文件、施工图纸和变更资料等，并分析所有资料的准确性。

2. 清理各项财务、债务和结余物资

在进行上一步骤的同时，应注意收集建设项目从开始筹建到竣工投产过程中全部费用的各项账务、债权和债务，使工程结束后账目清晰明了：既要审核账目，又要清点结余物资的数量，使账与物相等、账与账相符；逐项清点核实结余的材料和设备，按规定进行妥善处理。全面清理各种款项，有利于保证竣工决算的准确性。

核实工程建设项目中的单位工程及单项工程造价，将竣工资料与原设计图进行核实，若有需要可进行实地测量，进一步确认实际变更情况；在承包人提交的竣工结算的基础上，对原概算、预算进行适当的调整，重新核定工程造价。

3. 填写竣工决算报表

按照建设工程决算表格中的内容，根据编制依据中的有关资料进行统计或计算各个项目和数量，并将结果填到相应表格的栏目内，完成所有报表的填写。

4. 编制建设项目竣工决算说明书

按照建设项目竣工决算说明的内容要求，根据编制依据材料填写在报表中的结果，编写文字说明。

5. 上报主管部门审查

审核以上步骤中的文字说明和表格，若确定无误后将其装订成册，即编制成了建设工程竣工决算文件。由建设单位负责组织人员编写竣工决算文件，且须在竣工建设项目办理验收使用一个月之内完成。将该文件提交给主管部门进行审查，财务成本部分须由开户银行签证。除此以外，还须抄送给相关设计单位。尤其是对于大、中型建设项目来说，还应将竣工决算文件抄送给财政部、中国建设银行总行和省、市、自治区的财政局和中国建设银行分行。

四、新增资产价值的确定

（一）新增资产价值的分类

当建设项目投入生产后，其建设过程中投入的金额会形成一定的资产。根据新的财务制度和企业会计准则，可将新增资产价值分为以下几类：

1. 固定资产

固定资产是指使用超过一年的房屋、建筑物、机器、机械、运输工具以及其他与生产经营活动有关的设备、工器具等，不属于生产经营主要设备，但单位价值在 2 000 元以上且使用年限超过两年的也应作为固定资产。新增固定资产价值的计算是以独立发挥

生产能力的单项工程为对象，其内容包括工程费（建筑安装工程费、设备购置费）、形成固定资产的工程建设其他费、预备费和建设期利息。

2. 流动资产

流动资产指的是在一年或超过一年的营业周期内变现或运用的资产，具体包括货币性资金、应收及预付款项、短期投资、存货等。

3. 无形资产

无形资产指的是受特定主体控制，不以实物形式存在，且可以为生产经营带来经济利益的资产。具体包括生产许可证、特许经营权、商标权、版权、专利权、非专利技术等。

4. 其他资产

其他资产是指不能全部计入当期损益，应当在以后年度分期摊销的各项费用。其他资产内容包括生产准备费及开办费、图纸资料翻译复制费、样品样机购置费和农业开荒费、以租赁方式租入的固定资产改良工程支出等。

（二）新增资产价值的确定方法

1. 新增固定资产价值

新增固定资产价值是指投资项目竣工投产后所增加的固定资产价值，即交付使用的固定资产价值，是以价值形态表示建设项目的固定资产最终成果的综合性指标。新增固定资产价值的计算是以独立发挥生产能力的单项工程为对象。

（1）新增固定资产价值的构成

新增固定资产价值具体包括如下内容：①已投入生产或交付使用的建筑安装工程价值，主要包括建筑工程费、安装工程费；②达到固定资产标准的设备、工器具的购置费用；③预备费，主要包括基本预备费和价差预备费；④增加固定资产价值的其他费用，主要包括建设单位管理费、研究试验费、勘察设计费、工程监理费、联合试运转费、引进技术和进口设备的其他费用等；⑤新增固定资产建设期间的融资费用，主要包括建设期利息和其他相关融资费用。

（2）新增固定资产价值的计算

确定新增固定资产价值应按照如下原则：对于一次交付生产的单项工程，计算新增固定资产价值时应一次完成；对于分期分批交付生产的单项工程，计算新增固定资产价值时应分批进行。

在计算时，应注意以下几种情况：①对于为了提高产品质量、改善劳动条件、节约材料消耗、保护环境而建设的附属辅助工程，只要全部建成，正式验收交付使用后就要计入新增固定资产价值。②对于单项工程中不构成生产系统，但能独立发挥效益的非生产性项目，如住宅、食堂、医务所、托儿所、生活服务网点等，在建成并交付使用后，也要计算新增固定资产价值。③凡购置达到固定资产标准不需要安装的设备、工器具，应在交付使用后计入新增固定资产价值。④属于新增固定资产价值的其他投资，应随同受益工程交付使用的同时一并计入。⑤交付使用财产的成本应按下列内容计算。房屋、建筑物、管道、线路等固定资产的成本包括：建筑工程成果和待分摊的待摊投资；动力设备和生产设备等固定资产的成本包括：需要安装设备的采购成本，安装工程成本，设备基础、支柱等建筑工程成本或砌筑锅炉及各种特殊炉的建筑工程成本，应分摊的待摊投资。运输设备及其他不需要安装的设备、工具、器具、家具等固定资产一般仅计算采购成本，不计分摊的待摊投资。⑥共同费用的分摊方法。新增固定资产的其他费用，如果是属于整个建设项目或两个以上单项工程的，在计算新增固定资产价值时，应在各单项工程中按比例分摊。一般情况下，建设单位管理费按建筑工程、安装工程、须安装设备价值总额等比例分摊，而土地征用费、地质勘察和建筑工程设计费等费用则按建筑工程造价比例分摊，生产工艺流程系统设计费按安装工程造价比例分摊。

（3）新增固定资产价值的作用

①能够如实反映企业固定资产价值的增减情况，确保核算的统一性、准确性；②反映一定范围内固定资产的规模与生产速度；③核算企业固定资产占用金额的主要参考指标；④正确计提固定资产折旧的重要依据；⑤分析国民经济各部门技术构成、资本有机构成变化的重要资料。

2. 新增流动资产价值的确定

（1）货币性资金

具体包括现金、银行存款以及其他类型的货币资金。现金为企业的库存现金，企业内部各部门用于周转的备用金也属于此范畴；银行存款为企业在不同类型银行的存款；其余的为其他类型的货币资金。对于此类流动资产应按照实际入账进行价值核算。

（2）应收及预付款项

应收款项指的是企业因向购货单位销售商品、向受益单位提供劳务而需要收取的款项；预付款项指的是企业依据购货合同需要预付给供货单位的购货订金或贷款。对于此类流动资产应根据企业销售商品或提供劳务的成交金额进行价值核算。

（3）短期投资

具体包括股票、债券、基金。股票和债券根据是否可以上市流通分别采用市场法和收益法进行价值核算。

（4）存货

存货指的是企业的库存材料、在产品以及产成品等。应依据取得存货的实际成本进行价值核算。对于外购存货，其实际成本具体包括买价、运输费、装卸费、保险费、途中合理损耗、入库前加工、整理及挑选费用以及缴纳的税金等；对于自制存货，其实际成本为生产过程中的全部支出总和。

3. 新增无形资产价值的确定

无形资产是指特定主体所拥有或者控制的，不具有实物形态，能持续发挥作用且能带来经济利益的资源。我国作为评估对象的无形资产通常包括专利权、专有技术、商标权、著作权、销售网络、客户关系、供应关系、人力资源、商业特许权、合同权益、土地使用权、矿业权、水域使用权、森林权益、商誉等。

进行无形资产的价值核算时，应遵循以下原则：①若投资方以资本金或合作条件的形式投入无形资产时，应采用评估确认或合同约定的金额进行核算；②对于购置的无形资产，应依据具体支付的金额进行核算；③由企业自行开发取得的无形资产，应依据开发过程中全部支出进行核算；④对于企业接收捐赠获得的无形资产，应依据发票账单上的金额或同类物性资产的市场价进行核算；⑤进行无形资产的价值核算时，须在其有效期内分期摊销，也就是说，企业为其支出的费用应在无形资产的有效期内得到补偿。

无形资产的计价包括以下几种方法：①专利权的计价。由于专利权是具有独占性并能带来超额利润的生产要素，因此，专利权转让价格不按成本估价，而是按照其所能带来的超额收益计价。②专有技术（又称非专利技术）的计价。专有技术具有使用价值和价值，使用价值是专有技术本身应具有的；专有技术的价值在于专有技术的使用所能产生的超额获利能力，应在研究分析其直接和间接获利能力的基础上，准确计算出其价值。③商标权的计价。如果商标权是自创的，一般不作为无形资产入账，而将商标设计、制作、注册、广告宣传等发生的费用直接作为销售费用计入当期损益。只有当企业购入或转让商标时，才需要对商标权计价。商标权的计价一般根据被许可方新增的收益确定。④土地使用权的计价。根据取得土地使用权的方式不同，土地使用权可有以下几种计价方式：当建设单位向土地管理部门申请土地使用权并为之支付一笔出让金时，土地使用权作为无形资产核算；当建设单位获得土地使用权是通过行政划拨的方式，这时土地使用权就不能作为无形资产核算，在将土地使用权有偿转让、出租、抵押、作价入股和投资，按规定补交土地出让价款时，才作为无形资产核算。

4. 新增其他资产价值的确定

（1）开办费的计价

开办费指的是筹建期间产生的费用，具体包括办公费、培训费、注册登记费、人员工资等未计入固定资产的费用以及不计入固定资产和无形资产购建成本的汇兑损益、利息支出。依据企业最新的会计制度，应先将长期待摊费用中归集筹建期间的费用，从企业开始生产的下个月开始，按照不少于 5 年的期限平均摊入管理费用中。

（2）固定资产大修理支出的计价

是指企业已经支出，但摊销期限在 1 年以上的固定资产大修理支出，应当将发生的大修理费用在下一次大修理前平均摊销。

（3）以经营租赁方式租入的固定资产改良支出的计价

是指企业已经支出，但摊销期限在 1 年以上的以经营租赁方式租入的固定资产改良支出，应当在租赁期限与租赁资产尚可使用年限两者较短的期限内平均摊销。

第三节　质量保证金的处理

一、建设工程质量保证金的概念与期限

（一）保证金的含义

建设工程质量保证金，简称保证金，指的是发包人与承包人经协商在合同中约定，从工程款中预留出，用于支付在规定的质量保修期内对于建设工程出现的缺陷所发生的维修、返工等各项费用。缺陷是指建设工程质量不符合工程建设强制标准、设计文件，以及承包合同的约定。

（二）缺陷责任期及其期限

缺陷责任期是指承包人对已交付使用的合同工程承担合同约定的缺陷修复责任的期限，其实质就是指预留质保金（保证金）的一个期限，具体可由发承包双方在合同中约定。

缺陷责任期从工程通过竣（交）工验收之日起计算。由于承包人原因导致工程无法按规定期限进行竣工验收的，期限责任期从实际通过竣（交）工验收之日起计算。由于发包人原因导致工程无法按规定期限竣（交）工验收的，在承包人提交竣（交）工验收报告 90 天后，工程自动进入缺陷责任期。

缺陷责任期为发、承包双方在工程质量保修书中约定的期限。但不能低于《建设工程质量管理条例》要求的最低保修期限。《建设工程质量管理条例》对建设工程在正常使用条件下的最低保修期限的要求为：①地基基础工程和主体结构工程，为设计文件规定的该工程的合理使用年限；②屋面防水工程、有防水要求的卫生间、房间和外墙面的防渗漏为五年；③供热与供冷系统为 2 个采暖期和供热期；④电气管线、给排水管道、设备安装和装修工程为 2 年；⑤其他项目的保修期限由承发包双方在合同中规定。建设工程的保修期，自竣工验收合格之日算起。

二、保证金预留比例及管理

（一）保证金预留比例

对于由政府参与投资的建设项目，保留金的预留比例应约占结算工程价款的 5%。对于社会投资的工程项目，若在合同中约定了保证金的预留方式及比例，则据此执行。

（二）保证金预留

发包人应按照合同约定的质量保证金比例从结算款中扣留质量保证金。全部或者部分使用政府投资的建设项目，按工程价款结算总额 5% 左右的比例预留保证金，社会投资项目采用预留保证金方式的，预留保证金的比例可以参照执行。发包人与承包人应该在合同中约定保证金的预留方式及预留比例，建设工程竣工结算后，发包人应按照合同约定及时向承包人支付工程结算价款并预留保证金。

（三）保证金管理

在质量保修期内，对于由国库集中支付的政府投资项目，应依据国库集中支付的具体规定管理保证金。而其他政府投资项目，其保证金可由财政部门或发包人管理。若发包人被撤销，那么保证金及交付使用资产则转移给使用单位，使用单位执行原发包人的职责。

对于采用预留保证金方式的社会投资项目，其保证金可由金融机构代为管理；对于采用工程质量保证担保、工程质量保险等其他方式的社会投资项目，发包人不得再预留保证金，并按照有关规定执行。

（四）质量保证金的使用

承包人未按照合同约定履行属于自身责任的工程缺陷修复义务的，发包人有权从质量保证金中扣留用于缺陷修复的各项支出。若经查验，工程缺陷属于发包人原因造成的，应由发包人承担查验和缺陷修复的费用。

（五）质量保证金的返还

超出合同规定的质量保修期后，发包人应在 14 天内把未使用的质量保证金返还给承包人。即便承包人收到了保证金，其仍具有进行一定质量保修的责任和义务。

第七章　BIM 技术在工程造价管理中的应用

第一节　BIM 与工程造价管理理论

一、我国工程造价存在的问题

（一）全过程造价管理

现阶段，我国工程造价管理模式是定额计价和工程量清单计价并存的全过程工程造价管理模式。所谓全过程造价管理是指对项目决策阶段到项目竣工验收的整个过程的工程造价进行合理确定和有效控制。为了便于工程建设过程中各方经济关系的建立，满足项目管理要求，工程建设的每个阶段均须进行概预算，具体内容包括投资估算、设计概算、施工图预算、招标合同价、工程结算及竣工决算。

全过程造价管理的管理方针是"全过程、全方位"，它有两个具体要求：一是造价本身要合理，即造价的确定应尽可能与实际情况相符合；二是实际造价不超过概算，即每一阶段的实际造价不能超过上一阶段的概算。

（二）现阶段工程造价管理存在的问题

尽管我国工程造价管理方式一直在不断发展和完善，计价模式也得到改善，但整个工程造价行业发展水平与当前经济社会发展水平仍然存在一定差距，还存在一系列问题需要解决。

1. 工程信息的共享与协同困难

我国的工程造价管理机构部门多、层次多，各部门的规定不一致，相互之间缺乏必要的沟通与协调配合，而由于技术手段以及数据格式等问题，造价人员所需要或者提供的项目成本数据还无法和其他部门人员直接共享，需要通过计算机处理，甚至采用手工输入等方式进行二次加工。例如在进行三算对比时，需要将设计概算，施工图预算，竣工决算三个阶段的仓储数据、财务数据、消耗数据等进行汇总和比较，传统的交流方式往往造成数据的重复录入，而且很容易因为人为失误使信息流失或产生错误，使工作效率较低。

2. 造价数据滞后性明显

我国现阶段实行的是静态与动态相结合的造价管理方式，各地区按照其社会平均成本价格和平均劳动效率编制本地区的工程预算定额和消耗量指标，然后分阶段动态调整市场价格，按月份或季度发布指导价，定期不定期的公布指导性调整系数，由此编制、审查、确定工程造价。

建筑工程造价估算困难的原因是多方面的，首先，建筑材料的品种、型号、价格纷繁复杂，材料价格更是瞬息万变，定期发布指导价无法与市场价格的同步，以这种方式提供的造价数据与实际市场行情相差甚远；其次，消耗量指标也与市场发生了脱节，大部分企业都采用政府颁布的定额数据，由于其更新迟缓，在竞争激烈的建筑市场环境下，不能准确、及时的反映生产力水平，即使是使用清单模式的企业，其所拥有的企业定额也严重滞后。

3. 区域性明显

由于我国各地区经济发展水平不同，自然条件也存在很大差异，几乎各省都根据自身条件制定了不同的定额标准，工程量计算规则也各不相同，因此建筑业的计价形式也呈现出明显的区域性，这样每个地区的造价师往往只对当地的造价体系比较熟悉，积累的常用业务数据和工作经验也都不具有普遍适用性，造价人员一旦更换了工作地区就需要重新开始，而这些数据和经验对造价工作又是至关重要的，造价机构聘请的新员工要掌握其中的精髓需要长时间的积累和摸索，无法很快胜任，所以造价人员的流动无论对造价师本身还是造价机构都会带来直接或间接的损失。为此，造价机构亟须找到一个能够将历史造价数据进行整理归档，对日后相似的项目具有参考价值的工具。

4. 精细化管理理念缺乏

精细化管理强调通过最大限度地利用资源来降低成本，体现在建筑工程造价上，就是通过量化手段对项目投资决策到竣工验收各阶段的造价进行有效的控制和管理。而我国建筑业目前仍为粗放式经营，这种经营方式缺乏合理有效的运行体制，很多企业单纯追求最终的建设目标，而忽视了在建设过程中对各个环节进行精细化控制，所以概算超估算、预算超概算、决算超预算的"三超"现象屡见不鲜，污染物产生量、能源和材料消耗也居高不下。只有将精细化管理的思想渗透到工程的各个阶段，增强参与项目各成员的成本控制意识，把定量化落实到行动上，才能使工程投资的效益达到最大化。

二、BIM 在造价管理中的发展趋势

（一）BIM 技术的基本原理

在一个建筑项目中会涉及建筑、结构、材料、安装等不同的专业，经历从决策到竣工几个不同的阶段，在这个过程中，同一个信息在不同的专业或者在不同阶段的不同参与方会有不同的表达和管理方式，从而造成信息冗余和共享困难的现象。

BIM 的核心是信息，BIM 模型的基本元素是单个构件或者物体，所有构件或物体的物理特性、几何信息、成本信息和施工要求等都通过参数方式来表达，再运用 3D 布尔运算和空间拓扑关系将这些信息进行整理，集中存放在数据库当中，最终形成一个数字化模型。并且以 BIM 作为构建基础的项目系统，可以根据项目的变更随时调整相关信息，不仅解决了信息冗余的问题，而且为各利益相关方进行信息交流提供了便利条件。

BIM 模型具有如下特征：

1. 参数化（数字化）

BIM 模型多以数字技术为依托，模型中基本构件的特有属性都可以通过参数来表达和区分，具有面向对象化的特点，能够接受数据、处理数据并将数据传达给其他对象。运用参数化的基本构件搭建的模型能够向建筑工程的其他相关工作提供需要的信息，同时也可以接受信息的反馈，并通过信息处理使模型更加完善。因此，模型参数化的特点是其他功能的基础。

2. 可视化

将二维线条式构件通过三维立体实物图形象展现出来，同构件之间还能够形成互动性和反馈性的可视，这样不仅实现视觉上的可视化，而且可以使项目从设计至运营整个过程中的沟通、讨论都能够在可视化的状态下进行。

3. 模拟性

可以模拟设计出的建筑模型，还可以进行施工进度模拟、节能模拟、日照模拟、热能传导模拟以及紧急疏散模拟等在实际生活中不容易操作的模拟。

4. 可协调性

BIM 模型可以模拟项目实际情况，便于及早发现各专业间的冲突及存在的其他问题，并及时协调解决，降低施工过程变更的次数。

5. 可输出性

BIM 数据库是由参数化数据构成，可以通过多种方式导出，例如建筑物不同角度的各种二维图形信息，工程量清单、设备表等电子表格信息，以及电子文档信息等。

（二）BIM 技术的优势

BIM 技术之所以被称为建筑业的第二次技术革命，是因为其对建筑业做出了突出贡献。在 BIM 出现之前，设计师需要使用线段、曲线等画出平、立、剖三张图纸来全面展现自己的设计成果，这对大型建设项目来说，由于其空间结构比较复杂，仅仅依靠设计师的空间想象能力设计很容易出错。而 BIM 技术的基本理念是将建筑构件与其属性相关联，如柱、梁、墙、板、门窗的尺寸、材料、型号等，然后用这些具有属性的构件将建筑物表达出来，使用 BIM 完成的设计图是三维的，不论项目多复杂，设计师都能够一次性完成设计，业主也可以很直观地了解自己投资的成果，使业主、设计单位及施工单位之间的交流更加方便流畅。

另外，在传统的设计过程中，对于同一个建设项目，各个专业的设计师都是根据自己专业的需求选择适合本专业的软件进行设计，设计时根据不同要求对原始数据进行处理后使用，而由于这些专业软件之间往往是不兼容的，同一信息重复录入便成为不可避免的现象。而有了 BIM 技术的支持就完全不需要担心这一问题，各 BIM 软件均在开放的工业标准——IFC（Industry Foundation Class）标准下建立模型，不同应用程序之间可以完成数据的转换和共享，设计师们采用 BIM 技术并通过网络将各自的设计理念整合到一起，实现协同设计，得到最终的数字化建筑（即建筑模型）。建筑信息模型不仅可以完成对图形的描述，而且还可以容纳建筑从设计、施工到运营维护和最终拆除的全生命周期的信息，使所有信息完全相互关联。

协同的结果不仅是消除项目中的信息孤岛和不同专业软件之间的不兼容性，而且为各相关人员提供了一个交流、共享的平台。BIM 模型具有承载各种图形及数据信息的能力，其集成了整个建筑的相关信息和一整套设计文档，并且所有信息都经过参数化处理，支持建设工程中的各种运算，具有完全相互关联性，输入的信息可以被平台上各相关人员共享，避免同一信息的重复处理，减少信息传递过程中的信息损失，从而大大提高整体工作效率。随着各种 BIM 软件的开发，协同的范围也在逐渐扩大，从项目的规划到设计、施工及运营都逐渐参与进来，使项目的综合效益得到大幅度提升。

应用 BIM 技术建立的模型还有一个很大的优势，就是可以很直观地发现设计中的空间位置冲突问题。传统的建筑设计流程，首先是结构工程师在二维图纸上完成结构设计，然后暖通、给排水、消防和电气等专业的设计再在结构图纸的基础上分别独立进行，这样在最终汇总时就极易产生设计不协调的问题，例如各结构构件之间、各个专业的设备管道之间以及结构构件与各个专业设备管道之间的碰撞问题，对于大型复杂项目而言，这些碰撞问题仅靠人脑的空间想象是很难解决的，即使是经过有经验的专家会审也难以避免。在实际施工过程中解决此类问题的方法设计变更使管道绕行，在结构梁上打洞穿过，不仅延误了施工进度，还要浪费大量的人力物力。BIM 模型的优势在于其三维性，可以模拟施工后的效果，将结构梁及各个专业的管道的空间布置立体地表现出来，能够方便地读取各专业的模型数据，进而生成碰撞报告，并通过反查对图纸的实际情况进行复核，把问题在设计中解决，设计质量提高后，施工中因设计失误产生的变更、拆卸、返工问题就迎刃而解了，不仅可以加快施工进度，还能减少材料浪费。

如图 7-1 是利用鲁班软件对某综合商业办公中心的通风、给排水和消防系统的管道碰撞检查结果，图中不同的管道用不同的颜色表示，可以清晰地看到管道的碰撞部位。

图 7-1　某项目管道碰撞检查结果截图

随着 BIM 技术的深入发展，其纬度也在三维的基础上有了新的扩展，BIM 四维（4D）模型 =3D+ 时间维度，在建筑业的 BIM 四维应用可以理解为施工进度的模拟，在实际施工前根据施工组织计划模拟施工过程，及时发现存在的问题并提前处理，降低项目风险；同时，施工进度模型能够使管理者明确每个时间段的施工任务，对施工进度的控制具有指导意义，为施工方提供了很大便利。

BIM 5D 模型是在 4D 基础上附加成本纬度，将三维图形与时间、成本结合后，获取任意时间段内完成的工作量及其成本就变得轻而易举，可以将成本控制细化到任何一个时间段内，随时分析相关的成本费用，这样就不会出现在项目完工后才发现超出预算的情况。

总之，BIM 为设计师们提供了一个协同工作的平台，有了 BIM 技术的支持，可以提前发现许多在实际施工中才能发现的问题，并针对发现的问题不断调整设计方案，最大限度地减少设计变更，提高设计质量，最终实现项目质量与效益的最大化。近几年来，BIM 技术在建筑业的使用范围越来越广，我国的一些大型建设项目也都进行了应用，如上海世博会中国馆、上海中心大厦等，取得了理想的效果，某些中小型项目在其带动下也开始尝试，济南西站站前广场就是其中一个成功的案例。

为了更大程度地满足业主的需求，BIM 参数模型并没有止步于 5D，而是向着更广阔、更深入的方向发展，逐渐出现了多维性（nD）模型，能够对建筑物进行能耗分析、舒适度模拟及分析、灾害应急模拟等。

（三）BIM 软件在造价管理中的应用

1. 方便实现造价数据的共享

现阶段的工程造价数据通常都是以纸质形式存档或以 Excel 表格、Word 文档的电子格式保存在硬盘中，无论采用哪种形式保存，它们都是孤立存在的，而一个项目在建设过程中产生的数据量是相当庞大的，要想迅速准确地找到需要的数据很困难，给后期查找带来很大的不便。有了 BIM 技术后，可以将所有的数据整合到同一个数据库中，形成可以共享的 BIM 数据库，不仅调取时方便快捷，而且项目任何一个参与方更新的数据都可以与其他参与者共享，保证输出的数据为最新。

一个企业如果能建立自己的 BIM 数据库和造价指标库，把历史项目数据积累起来，企业内部员工在编制新项目的造价文件时就可以很方便地调取经验数据，借鉴相似工程的指标，从而更加准确地进行报价。另外，借助于造价软件的自动计算和自动扣减功能，预算员可以不用花大量时间记忆工程量计算规则，能够快速掌握其中的精髓，避免了人员流动带来的损失。

2. 合理制订资源计划，实现造价精细化控制

在 BIM 出现之前，工程师只能按照以往的经验对工程量进行估算后，再对人员、设备及材料进行分配，具有明显的主观性。BIM 5D 模型中融入了时间和成本元素，能够根据施工动态提供造价管理需要的数据，例如通过模型可以获取任何时间段内的工程量及该段时间内的造价，将造价控制定量化，提高造价精细化管理程度，使资源配置更加合理，实现实时监控，避免超出预算情况的发生。

3. 工程量计算

计算机在建筑领域未普及之前，工程量等基础数据都是通过人工进行统计的，造价师对照设计图纸计算出该项目的工程量，然后参照预算定额，并结合市场情况，根据造价计算规则编制出预算报表。但是工程量的统计工作烦琐而复杂，完全依靠人工统计需要耗费大量的时间和精力，而且即便是比较有经验的造价师在如此大的工作负荷下也难免会出现错误。因此，工作效率较低。

后来随着计算机技术的不断发展，出现了神机妙算、兴安得力、广联达等套价软件，这些软件虽然可以直接套取定额并计算造价，但是工程量统计仍然需要人工完成，不能使造价人员真正从统计工程量的繁重工作中解脱出来。而现代大型建设项目也越来越趋向于复杂化，依靠人的力量很难适应建筑业发展的需要，于是三维算量软件应运而生。

三维算量软件应用了 BIM 技术，通过软件可以快速建立符合要求的 BIM 模型，并将各个构件赋予物理及几何属性，由于软件支持几何运算，能够完成实体扣减，工程量统

计工作变得轻而易举，并且工程量文件可以导入到造价软件当中，使工程量与成本数据库相关联，最终形成报表。这种造价方式不仅节省大量时间，减轻了造价人员的负担，而且提高了计算的准确性，工作效率大大提高。

建立一个完整的 BIM 模型需要耗费许多精力，而目前 BIM 技术在设计市场还未普及，对于一个已经设计完成的项目（未建立 BIM 模型），其后续过程仍然可以使用 BIM 软件建立符合现有需求的 BIM 模型，即目前业内经常采用的"分布式"BIM 模型方法。例如，本论文所研究的 BIM 技术在工程造价管理中的应用，可以通过 BIM 造价软件建立一个成本模型，来完成工程量统计及成本计算的工作。各相关单位也可以根据自己的需要建立施工模型、进度模型、操作模型等，最终通过统一的标准将这些模型合成并相互关联，方便进行维护、管理工作。

第二节　BIM 技术在全过程造价管理中的应用

一、投资决策阶段

决策阶段是项目建设各阶段中最为关键的一步，对不同的投资方案进行经济、技术论证，比较后选择出最佳方案。根据相关资料的统计，投资决策阶段对工程造价的影响程度高达 80% ～ 90%，决策的失误往往会给企业带来无法挽回的损失，甚至使企业陷入危机，所以项目决策阶段需要引起高度重视。决策阶段的内容是决定工程造价的基础，正确的投资决策需要对各个方案的成本有准确的把握，因此，在技术可行的前提下，对各个方案进行投资估算是十分必要的过程。

建设单位在决策时可以通过 BIM 模型使项目方案与财务分析工具集成，修改相应参数，实时获得各项目方案的投资收益指标，提高决策阶段项目预测水平，帮助建设单位进行决策。如某项目办公楼 1 ～ 9（10）层是与裙房相连的连体结构，10 ～ 30 层为标准层，顶层为机房层，投资估算时可以将整栋建筑简化为连体结构和标准层两部分建立 BIM 模型，然后通过算量软件和计价软件得出粗略的造价，使估算的误差率在 10% 以内，如果具有类似的 BIM 模型，还可以进行参考比较，便于做出更加科学合理的决策。

另外，建设方还可以借助于其他 BIM 软件对各个方案的声学、照明、纹理、色彩等进行评估，并将评估结果作为方案选择的依据。

二、设计阶段

设计阶段的概算编制取决于设计深度、资料完备程度和对概算精确程度的要求。当设计资料不足，只能提供建设地点、建设规模、单项工程组成、工艺流程和主要设备选型，以及建筑、结构方案等概略依据时，可以选择类似工程的预算或决算为基础，经分析、研究和调整系数后进行编制；如无类似工程的资料，则采用概算指标进行编制；当设计达到一定深度，能提供详细设备清单、管道走向线路简图、建筑和结构型式及施工技术要求等资料时，则按概算定额和费用指标进行编制。

（一）设计概算

方案选定后进入设计阶段，设计阶段是对方案不断完善的过程，对工程的工期、质量及造价都有决定性的作用，资料调查显示，设计阶段对工程造价的影响程度可达到35%～75%，设计概算是设计单位在经过初步设计后进行的，在投资估算的控制下确定项目的全部建设费用，总概算按规定的程序经有权机关批准后，就成为国家控制该建设项目总投资额的主要依据，不得任意突破。

、 在使用传统方式设计时（CAD制图），工程量统计和价格计算通常需要人工来完成，不仅耗时耗力，计算出的结果还很粗略，尤其在资料和方案不完善的情况下，按照调整系数进行编制很容易造成计算结果偏差较大。而在BIM软件的支持下，设计人员可以在投资决策阶段的模型基础上进行修改和完善，将完善后的模型重新导入鲁班算量软件，统计得到tozj格式的工程量文件，同样的再通过鲁班造价软件形成比投资估算更加精确的项目概算书。

另外，在BIM技术的支持下，建设单位与设计单位可以通过建筑信息模型的修改，直观快速地进行设计方案的调整与优化，其造价数据可由模型直接提供，方便建设单位进行方案比较和优化设计，有效控制造价；还可以利用BIM软件对设计成果进行碰撞检查，及时发现设计中存在的错误，避免错误延续到施工过程中，减少施工过程的变更，降低造价，为后续施工图预算打下良好的基础。

（二）施工图预算

施工图预算发生在施工图设计阶段，用以确定单项工程或者单位工程的计划价格，并要求预算不能超过概算投资。在施工图预算过程中，工程量计算是一项基础工作，也是预算编制中最重要的环节，这时的项目工程量已经基本确定。传统的工程量计算需要根据施工图纸、工程量计算规则等，采用"工程量计算表"逐项计算，工作量很大，花费时间也很长；而工程造价软件则是模仿了人工算量的思路及操作习惯，用计算机代替了预算人员的劳动。

项目采用"分布式"BIM模型方法，在已经使用传统CAD方式完成了施工图设计的情况下，将CAD图纸导入到鲁班算量软件中，建立成本模型，再对构件套取相应的清单定额，软件会自动完成扣减和分类汇总工作，导出粗造价文件，并将粗造价文件导入鲁班造价软件当中，形成最终的项目造价，大大降低了工程量计算消耗的时间。

三、招投标阶段

（一）招标标底的确定

施工项目在发包之前，招标人会公开通告或邀请投标人，具有资格的投标人则根据招标条件对项目进行初步估算，提出报价，招标方在公开、公平、公正和诚实信用的原则下择优选择投标人，并最终签订招投标合同。

作为招标方，在招标之前要进行一项重要的准备工作——编制标底文件。标底是招标工程的期望价格，可以由招标方自行编制，也可以委托具有资质的相关单位编制，它是判断投标报价合理性的依据，应该控制其不超过概算投资。在使用 BIM 进行造价管理的情况下，招标方可以通过设计方提供的 BIM 模型直接抽取项目的全部工程量信息，有效避免漏项情况发生，并从软件中获取最接近市场的价格编制标底。我国建设工程施工招标标底的编制方法主要有综合单价法和工料单价法两种，项目地上土建部分的招标可以将施工图预算结果作为工程的标底的一部分。

在确定每个单位工程准确无误后即可生成招标文件。生成招标文件之前，还可以对标书进行合法性检查，例如检查招标清单名称有没有空项、工程量有无小于 1 等情况，点击"反查"后，软件自动跳转至存在的问题的界面，方便及时修改，从而快速准确地生成招投标文件。

（二）投标文件的生成

招标方在发放招标文件时可以将 BIM 模型连同工程量清单一起发放给拟投标单位，投标方根据招标文件要求和企业自身的技术及管理水平填报单价。由于 BIM 模型中的构件与工程量信息是相关联的，报价时还可以利用招标方提供的 BIM 模型快速核准招标文件中工程量清单的正确性，而不需要将大量的时间浪费在工程量复核上。

投标报价一般分专业分别进行，所以同一个投标书通常是由多人完成的，鲁班造价软件中"导入工程"命令可以方便地将各专业的标书合并，最终形成一份完整的标书。生成投标文件的过程与生成招标文件类似，也可以进行合法性检查，同时还可以对投标文件与招标文件进行一致性检查，检查两者不一致的地方，例如工程量的不一致，从而形成一份合格的投标文件。最终形成的报表支持 Excel、Word、PDF 等多种格式输出，也可直接打印输出。

另外，通过 BIM 技术与网路技术的结合，招投标管理部门能够更加方便地进行监督指导工作，使整个招投标过程变得透明化，有效避免暗箱操作，使招投标变得简单快捷。

四、施工阶段

（一）工程结算

工程项目实际施工阶段的造价管理工作是最难以控制的，因为在施工过程是一个动态的过程，许多变动因素是无法预测的，例如建筑材料价格的变化、国家政策变化等，我们能做到的就是最大限度地做好工程进度款、变更价款以及索赔费用的控制和管理工作。

1. 工程结算

工程结算是指承包商按照合同的规定，向业主办理已完工程价款清算的经济文件，其目的是用以补偿施工过程中的资金和物资耗用，一般在项目施工中会发生多次，直到整个项目全部竣工验收。我国现行的工程结算方式主要有按月结算、竣工后一次结算和分段结算几种，目前在建安工程中采用按月结算方式的居多，施工单位于月中预支部分工程款（按当月施工计划工作量的50%），月末根据已完工程的实际统计进度办理结算。由于基于传统二维图纸下的造价管理数据比较分散，工程量的拆分和汇总就显得比较困难。而在BIM软件的帮助下，这一问题可以轻而易举地解决，鲁班造价软件在导入算量软件产生的粗造价文件后能够实现框图出价，在造价软件的BIM模型中可以直接选择构件显示，打破了以往传统造价软件的文本格式，可以获取工程任意部分的工程量及其造价，不仅能够实现按时结算，还可以根据工程进度进行精确采购和按额领料，编制资金计划、材料采购计划和劳动力计划等，实现真正意义上的项目全过程造价管理。

2. 工程变更和索赔管理

工程变更在项目施工过程中是不可避免的，使用BIM技术可以使其最大限度地降低，但不能完全消除，所以由变更引起的工程量及造价变化仍需引起高度重视。例如，在本项目中根据业主的要求，需要将原设计中的门M0921（900mm×2100mm）的尺寸更换成1000mm×2100mm，这样在更换门的同时墙体的混凝土工程量、墙面装饰的工程量等都会发生变化，预算员需要找到所有的M0921，并对周围墙体的相关工程量重新计算和汇总，其工作量之大可想而知。而如果使用鲁班土建算量软件建立了成本模型，就可以直接在"属性定义"窗口中将M0921的尺寸进行修改，不仅完成门的替换，而且相关的墙体、装饰等信息也随之自动调整，可以重新计算工程量，输出一个新的算量文件，所有的工作几分钟就可以完成。将变更后的算量文件重新导入到造价软件中，鲁班造价对变更后的算量文件提供了多种处理方式，另外，甲、乙双方在施工阶段使用同一个BIM模型，添加时间进度和成本信息，分析统计每阶段的成本费用，根据同一个5D的BIM模型支付施工进度款，明确每一阶段的任务，准确直观地表达款项信息，不再出现超付或者延付的情况，在此基础上的索赔现象也会大大减少。

（二）竣工决算

建设项目的竣工决算是指在竣工验收交付使用阶段，由业主编制的建设项目从筹建到竣工投产或使用全过程的全部实际支出费用的经济文件。业主采用实物数量、货币指标、建设工期和各种技术经济指标确定工程最终的实际造价，即竣工决算价格，与施工单位编制的竣工结算价格进行比较，双方通过核对工程量和价格等基础数据来查找对方的错误，从而争取各自利益的最大化。

在实际工程中经常因为资料不全、信息缺失、现场签证不合理等问题引起双方扯皮，尤其是在双方材料用量有很大出入的时候，需要花费大量时间进行核对，延误交付使用的时间，给双方带来损失。

在 BIM 技术的支持下，所有的物理信息和几何信息都可以储存在 BIM 模型中，如各构件的工程量信息，施工进度信息，材料的价格、产地及生产厂家等，并随着项目的进展不断更新。双方可以使用同一个 BIM 模型分别进行管理，在项目竣工时所有的数据都整合在 BIM 数据库中，基本可以反映项目的实际情况。在对比时，首先从大的项目开始，例如在检查混凝土使用量时，可以使用鲁班造价中的"框图出价"功能，首先框选所有楼层中使用混凝土的构件，包括砼内墙、全部的梁、板、柱，得到混凝土的总用量，如果双方的统计总量有较大的差别，再分别统计墙、梁、板、柱所消耗的混凝土量，找出引起总量差别的因素，经比较发现柱子的混凝土用量差别较大，还可以进一步计算每个楼层各个柱子的用量及计算公式，用计算机代替预算员完成工程量的核对，大大降低了预算人员的劳动强度，同时也提高了计算的准确度。

鲁班造价软件可以直接利用该粗造价文件得到项目的分部分项工程造价，实现算量图形数据和清单定额数据无缝对接，节省大量时间，还可以利用软件提供的模板计算其他费用，最终得到施工图预算。

鲁班算量软件建立的 BIM 成本模型还可以用于确定招标标底、形成投标报表、进行工程结算和竣工决算等，帮助完成招投标阶段及施工阶段的造价管理工作，实现建筑工程的全过程造价管理。

第八章　新时期工程造价管理创新

第一节　建筑工程造价管理创新

一、建筑工程造价管理现存问题

（一）造价管理环节孤立

在建筑工程建设过程中，造价管理环节孤立的问题普遍存在，造价管理与工程建设施工其他环节之间的衔接不够紧密，这会让建筑工程造价管理工作开展效果受到不利影响。建筑工程造价管理所涵盖内容量相对较大，涉及部门数量相对较多，具有一定的复杂性。工程投资估算以及施工预算工作中，一些部门没有对部门之间的配合、协调予以高度重视，让造价管理工作存在沟通断层情况，如招投标工作人员没有在沟通中反馈自身想法给其他工作人员，就会让招投标工作过度依靠人员经验，从而影响造价管理工作的开展效果。

（二）造价管理人员业务能力有待提升

造价管理工作人员业务水平对于造价管理工作的开展效果具有影响，在市场竞争环境下，人才的素质水平、能力水平决定了企业的市场竞争力。但就目前来看，在我国建筑工程造价管理工作中，业务能力不足的问题普遍存在，其主要表现为从业人员资格证书缺乏、管理工作经验不足、先进技术掌握不足等方面，这会让造价管理工作开展受到不利影响。

二、建筑工程造价管理创新措施

（一）学习先进造价理念

为让建筑工程造价管理方法得到有效创新，建筑工程建设施工单位首要措施是学习先进的造价管理理念，让造价管理措施与时代发展要求高度相符。首先，建筑工程造价管理单位应做好造价定额工作，在造价管理过程中，工程造价定额占有重要地位，只有对市场变化信息予以实时更新，才能让此工作得到高质量开展，让造价管理工作的科学性、合理性得到保证；其次，建筑工程造价管理单位应提升决策工作开展合理性，需要依照市场环境变化，对造价管理进行有效调整、科学完善，让市场价格波动得以体现，让造价管理工作开展具有动态性，提升管理工作质量。

（二）革新造价管理系统

革新造价管理系统是建筑工程造价管理创新的重要途径，在造价管理系统革新过程中，应在保证工程造价合理、科学的前提条件下，重点做好以下几方面主要工作：首先，应利用先进、科学措施对建筑工程造价管理系统进行完善、改进，施工单位应在建筑工程项目满足政府部门要求的基础上，可以在工程项目建设中发挥价值；其次，应针对建筑工程造价管理工作进行全面调研，依照实际工程建设情况，对施工方案进行有效整改、科学完善，确保建筑工程造价管理工作可以顺利开展、有效进行，让施工建设效率得到保证；最后，应保证建筑工程造价管理过程的规范性、细致性，让企业经济效益得到有效提升。

（三）提升人员业务水平

在建筑工程造价管理创新过程中，需要明确造价管理工作人员素质水平提升是造价管理创新的重要举措，只有人员素质满足先进造价管理系统操作技术水平要求，才能让造价管理系统得以有效应用，为造价管理工作全面开展提供保证。首先，建筑工程造价管理单位应对人才引进工作予以高度重视，在引进人才过程中，应对人才专业素质水平、道德素质水平以及造价管理工作经验丰富度进行考量；其次，应开展工程造价工作人员培训工作，在培训活动中，应采取讲座培训、模拟实践培训以及互联网培训等多种途径。再次，造价管理单位应对造价管理措施进行科学调整、合理规划，在考核标准的制定中，应保证考核标准与行业发展需求高度相符，让人员素质水平得到提升；最后，应在考核工作完成后，针对考核结果开展二次培训活动，确保人员知识水平、工作能力水平可以切实得到提升，保证人员上岗资质。值得注意的是，为让造价管理工作人员水平可以和建筑工程发展需要相符，造价管理单位应着力培养工作人员的终身学习理念，为造价管理工作人员制定相应的奖惩机制，并将其工作表现与薪酬机制、职业晋升机制挂钩，提升人员工作责任感。

（四）明确管理重点环节

在造价管理工作中，造价管理单位需要明确管理重点环节，结合工程实际情况，可以将其归纳为以下几点：

1. 决策环节

在建筑工程项目建设决策环节，应重点做好项目规划工作与经济评价工作，前者可以转换建设意图为系统化管理活动，可以让具体造价管理目标、战略思路变得更为明确；后者可以让系统概念规划变得更为清晰，可以在管理理论指导下，为成本管理工作开展奠定基础。

2. 设计环节

在设计环节，需要对工程经济参数、技术要求予以明确化处理，保证工程造价得到高质量控制。在工程设计过程中，工程成本控制人员应与工程设计工作人员形成密切配合，形成良好协调关系，保证工程施工技术具有高度合理性、先进性。在初步设计过程中，需要比较多种方案的技术要求与经济性，在施工图设计工作中，需要根据审批初设内容、概算等，确认施工图设计方案。

3. 发承包环节

在发承包环节，建设单位应根据工程建设需求，对公开招标方式、邀请招标方式进行合理选择，前者可以保证招投标工作开展的透明，后者可以缩短招投标工作开展时间。无论选择哪种方式，在具体招投标工作中，都应保证其操作的规范性。

4. 施工环节

在施工环节，建设单位应制订资金使用计划，与此同时，应对施工资料进行有效收集、整理、分析，保证项目结算工作按时完成，减少工程洽商以及工程索赔情况，让工程造价控制效果得到保证。

综上所述，在我国建筑工程项目造价管理工作中，造价管理环节孤立、工作人员素质不足的问题普遍存在，此类问题会对建筑工程项目高质量建设产生不利影响。建筑工程建设施工单位、造价管理单位通过学习先进造价理念、革新造价管理系统、提升人员业务水平以及明确管理重点环节的主要措施，可以有效解决此类问题，进而提升建筑工程项目造价管理水平，为建筑施工企业经济效益提供保证，为企业未来可持续发展做出贡献。

第二节　新时期工程造价管理创新

一、工程造价创新管理的现状

（一）工程造价创新管理的必要性

1. 工程造价管理对于建筑行业提升的重要性

工程造价作为建筑行业的核心，对建筑工程有着至关重要的影响作用，长期以来都扮演着重要的作用。工程造价管理的核心对应项目的成本控制和管理。在建筑工程项目中，很多环境下更为强调技术性，对于工艺的考究等专业问题。对于工程造价管理而言，重点在强调控制和管理，这是对于项目是否能够成功在管控角度的一个关键环节，这是工程造价管理提升而带动行业提升很重要的关键，即角色定位决定行业影响。此外，对于多数建筑工程项目而言，项目周期普遍较长，是一项长周期、复杂工艺、多关联方参与的综合性项目类型，在这样的过程中，管理的价值正在不断凸显。伴随技术性工作通过互联网的发展而不断进步的背景下，工程造价作为管控和管理环节，往往还需要管理能力和管理思维的提升，才能掌控项目总体目标的达成。因此，提高工程造价管理水平有助于建筑工程提质增效，实现高效快长足发展。

2. 工程造价管理的发展趋势

过去对于工程造价的行业发展更多集中在专业技术领域的革新和发展，忽视了管理部分的发展，造成相应问题的显现。在面向未来的工程项目管理发展趋势中可以看到，未来发展首先是要精细化管理。任何行业和领域都需要在不断提升管理能力的过程中寻求发展，过去粗放式的发展模式，能够在竞争不够激烈的环境下获得一定的生存空间，而当下建筑工程行业竞争不断增加，需要通过精细化管理获取生存空间，这是行业的必然发展趋势。另外一个方面是工程造价管理自身的发展和变革逐步寻求互联网化与管理能力的综合性发展。技术进步和数据整合能力催生了大量的工具，应用于建筑工程领域和工程造价领域。工程造价管理要实现行业的变革发展，一方面需要积极拥抱互联网的发展，积极引进技术工具和管理工具；另外一方面则要从管理的角度，提升管理思维，建立科学的管理体系，培养管理人才，才能迎难而上，实现行业的不断革新。因此从发展趋势来看，工程造价建立健全管理机制，创新管理办法，对促进行业公平竞争，规范市场秩序，稳定产品价格，提升服务质量有着极其重要的意义。与此同时，我国现行工程造价发展环境较为缺乏，对工程造价的创新管理提出了更高要求，需要不断适应发展新趋势，创新改革管理现状，才能获得更大发展。

（二）工程造价管理的若干问题

随着我国经济的快速发展，各行各业站在创新的角度，都制定了相应完备、行之有效的管理措施，但是建筑行业的某些领域仍然存在诸多问题，最为突出的是建筑工程中工程造价的管理创新问题，具体表现在以下几方面：

1. 管理环节脱节

工程造价工作涵盖面广，具有复杂性、系统性、多维性等特点，贯穿开发、设计到施工、生产、验收全流程，涉及部门较多，工作范围较广，工作内容较烦琐冗杂。就目前工作现状来看，管理过程中存在较多不确定性，需要进行有效且频繁的沟通交流，才能保证工作顺利开展，然而各部门间独立性强，人员流动较大，配合度较低，造成各部门间联系性不强，造价管理与施工其他环节衔接不紧密，造价部门与其他部门沟通不到位，甚至出现脱节断层现象。同时，在招投标过程中，大多数管理人员依靠经验完成作业，导致工作出现较大偏差，使得管理环节无法实现有效衔接。

2. 管理人员专业能力不足

工程造价对从业人员有着地方较高的专业能力水平要求，必须熟练掌握相关政策、法律法规等知识内容，才能进行有效管控。然而，目前我国建筑行业管理方面的专业性人才较少，尤其是高素质综合性人才较为稀缺，因此只能由行业中的专业能力较差的现有人员进行粗放式、非专业化的管理。由于建筑行业特殊，工作人员入行门槛较低，缺乏有针对性的专业考查，导致现有管理人员业务能力不足、素质不高、专业能力不强、管理理念陈旧问题普遍存在，管理过度依靠工作经验，管理水平普遍较低，大部分管理人员综合素质有待提高。

3. 管理体系不完善

现行行业内部虽有管理体系，但是目标内容较为单一，缺乏统一的行业标准和规章制度，使得造价管理随意性较大。就目前管理体系现状来看，主要表现为：一是管理手段方式较为传统，管理工作缺乏针对性有效性，不能适应新形势下科学化、信息化、现代化的要求；二是造价管理与其他工作责任部分重叠，分工不明晰明确，职责权限划分模糊；三是监督机制不够完善，在实际工作中，缺乏有效监管约束，增加管理难度。

二、工程造价管理的创新措施

（一）创新管理思路

探索工程造价管理制度创新，首先，要积极学习先进管理理念，吸收借鉴国内外先进的管理理念、管理方式，使现行管理措施有效接轨时代发展要求；其次，要立足工作实际，将先进管理理念运用到工程造价管理制度当中，不断提高科学思维能力，保证造价管理工作的科学性、合理性；再次，要做好造价定额，时刻关注市场动向，以市场具体动向决定定额工作，适时进行调整改变，保证数据实时性，确保造价定额更新；最后，创新管理思路还应该加强跨领域沟通，与发展速度快，发展模式先进的跨领域行业建立管理模式的交流体系，通过外部沟通打破管理思维固化问题。

（二）建立健全管理体系

科学完备的管理体系对工程造价管理制度创新具有实质意义。管理体系的构建是一个科学和规范的过程，需要考虑到业务执行和管理目标的均衡性。具体而言，首先，保持企业管理与政府政策高度同步，以政策为依托，严格遵守行业规定，依规依法制定合理制度。行业管理的前提是遵循法律，适应和认知国家对于行业的管理要求，这是形成行业管理体系的基本原则。其次，密切关注市场波动变化，及时获取更新行业动态消息，进行有效调研，根据变化适时调整管理体系，提高工作效率质量，确保造价工作顺利开展。再次，革新管理系统，采用先进措施改进管理系统，建立完备管理网络，实现信息互联互通共享，利用管理网络及时更新项目招标要求及中标公示，确保项目建设透明化及管理过程的规范性、可操作性。最后，建立有效监督。创新监管方式，加大管控力度，特别是对第三方公司的管理监督，要调高资质门槛，执行终身负责制。

（三）提高管理人员业务水平

工程造价工作中管理人员的素质水平、能力水平对管理工作具有决定作用，因此创新管理制度，亟须大幅提高管理人员业务水平，主要途径有以下几方面：

首先，造价管理单位应高度重视，积极引进高素质人才，对人才从专业素质、道德素质、业务能力、管理经验等维度进行考量测评，加强团队建设。其次，要重视现有人员、新进人员的教育工作，开展全方位、宽领域、多层次的培训，包括但不限于讲座、模拟实战等多种培训途径，涉及内容涵盖最新行业发展趋势、工程造价相关要求，保证培训到位到人到岗，确保培训结果有效有量有质。在培训过程中，还应注重思想意识层面内容灌输，让工作人员真正从思想层面认识到管理工作的必要性和重要性，管理单位应注重培养管理人员的终身学习理念。再次，制定合理的考核标准，优化现行考核标准，查漏补缺，从工作质量、沟通协调、政策学习、专业技能等方面进行目标量化考核，确保考核标准与管理制度、行业发展相吻合。对考核不合格的人员，终止从业资格，制订再培训计划，针对考核结果弱项，开展二次培训，确保人员知识水平、工作能力切实提升。同时，制定相应的激励措施，通过物质奖励和精神奖励，给予表现出色的员工肯定，提高员工工作积极性。最后，制定奖惩措施。将工作成绩、工作表现与晋升机制、工资薪酬挂钩，对表现出色人员给予肯定，通过物质奖励和精神奖励，对工作不力人员，给予相应处罚，以期提高员工工作积极性、工作责任感。

（四）加强信息化创新建设提升管理效率

新时代下，造价工作正在面临全新挑战，信息现代化建设已是全球建筑行业乃至各行各业的必要手段。利用互联网，采用信息化技术，以信息化带动标准化，能够有效应对风险，提高管理质量，精简管控流程，达到高效快速运转效果。建立健全信息化手段，要求从业人员对合同协议书、建筑工程方案、招投标文件等进行有效规划设计，对相关资料进行信息化的收集、处理、加工，提高工作效率，提升风险管控能力。具体而言，工程造价领域的信息化建设要综合提升管理效率，要以效率提升为导向，研发和积极使用提升效率的互联网管理工具，降低管理沟通成本，并以信息化的方式降低管理试错成本。另外要将互联网及信息化技术嵌入工程造价的全管理周期和全执行流程，才能最大化实现管理效率的提升。

综上所述，在现行工程造价管理工作中，管理人员能力不足、管理体系不完善等问题普遍存在，阻碍了行业快速发展和建筑项目实现高质量跨越。因此，为应对市场环境不断变化，迎接行业挑战机遇，提高风险抵抗能力，需要不断进行创新改革，进一步推进工程造价管理创新，建立健全管理体系，培训高素质管理人才，以期充分调动人财物力，为企业获取最大经济效益。

第三节　施工企业工程造价管理与控制体系优化

一、施工企业工程造价管理概述

造价管理是施工企业在工程建设活动中，采用科学技术和方法，依照对应的工作原则要求，为提升项目建设经济效益，对工程造价和工程价格采取的管理活动。新时期工程施工环境不断变化，工程建设管理逐渐朝向精细化方向发展，要求施工企业必须明确造价管理工作关键内容，构建完善的控制体系，全面、深入开展造价管理工作，确保造价目标得以实现，推动企业可持续发展。

二、施工企业工程造价管理的重要性

（一）施工项目经济效益实现的基本保障

经济效益实现是企业经营的核心目标，施工企业是以各种类型工程项目具体施工为主要活动的，在施工管理过程中，能否实现各方面成本的有效控制、能否实现造价管理目标，是管理活动开展应当关注的重点问题。新时期工程项目施工中，材料价格波动幅度过大、人力资源成本不断增加、精细化管理要求不断提升，都使得工程建设成本不断增加，在造价管理不到位、控制体系构建不完善的情形下，必然会在某些方面出现疏漏，造成施工成本增加，经济效益受到影响。构建完善的造价控制体系、推动造价管理纵深发展、有效控制施工成本，是造价管理工作开展应当关注的核心内容。

（二）为施工企业可持续发展奠定坚实基础

在当前施工行业竞争不断加剧的情形下，施工企业能否做好造价管理，有效规避施工过程中的造价风险因素，确保项目建设稳步推进，不仅对自身经济效益实现有直接影响，同时对企业社会形象和行业竞争力也有明显影响。更为完善的工程造价管理体系，能够彰显企业运营能力，在施工市场竞争中占据先机。在施工行业整体利润率逐步降低、企业经济效益水平逐渐下降的情形下，良好的管理形象能够为企业竞争提供坚实支撑，为企业可持续发展奠定坚实基础。

（三）推动施工行业绿色节能发展

近年来，我国环保工作力度不断加大，工程施工作为能耗和污染排放占比较高的产业，成为环保治理关注的重点。施工行业绿色节能发展政策驱动下，要求施工企业必须强化新型施工技术应用，有效规范施工行为，在做好施工组织的基础上，实现造价、进度、安全、质量等方面的协同管理。施工企业造价管理控制体系的不断优化，能够推动企业全面深入地做好技术革新，减少施工环节的资源浪费，在有效控制项目施工成本的基础上，推动工程建设整体朝向绿色节能方向发展，为我国工程行业创新发展起到良好的促进作用。

三、施工企业造价管理的主要内容

（一）投标阶段的造价管理

对于施工企业而言，投标报价阶段的造价管理是整体工作的起步阶段，也是管理成效体现的基础性因素。这一环节的造价管理，主要包括如下内容：①投标意见征询，主要是通过研究招标造价文件及工程量造价清单，明确影响招标工程造价的关键因素，针对重点问题向招标方征询意见；②标书编制，文件内容应当符合国家和招标单位相关规范要求，能够充分体现施工企业技术、质量和造价管理能力，在重点环节提供完善的技术方案，提升竞标竞争力；③针对建设施工领域招标方常用的造价评估方式，确定准确的投标项目报价，在提升中标概率的基础上，尽量提升施工企业的利润空间和经济效益水平。

投标阶段造价管理目标的实现，需要施工企业把握如下方面要点：①合理分配不同施工环节利润水平，对于结算付款较快的子项目，可以适当降低单价，加快资金周转效率；②确保工程量估算精准性，避免由于估算偏差过大造成不必要的经济损失；③图纸设计不明确、后续需要修改、没有投标工程量的子项目，可以适当提升工程单价。

（二）合同签订阶段的造价管理

施工合同签订阶段的造价管理对施工企业经济效益实现有重要影响，也是最为容易忽视的环节。当前工程施工合同范本主要有固定价格合同、可调价合同和成本费附加酬金合同三种形式，采用不同的范本形式，需要关注不同要点。固定价格合同是最为常用，同时也是施工企业经济风险最大的形式。选用固定价格合同方式，需要施工企业做好报价工程量和实际工程量的准确计算，确保施工前期外部环境因素影响控制在最低水平。选用可调价合同时，施工方多数需要承担施工中工程量、成本和实际工期因素等技术性风险带来的造价风险，因此在签订合同前，需要准确做好这些方面的测算。成本费附加酬金合同则是将总金额划分为直接成本费和施工企业实际完工后应得报酬两部分，多是应用于工程项目内容和技术经济指标不够明确、投标项目报价计算依据不充分的项目，合同签订是建立在合作双方高度互信基础上的。在施工企业运营管理中，无论采用何种方式签订合同，都需要法务部门做好合同内容审核，有效规避造价风险。

（三）项目施工阶段的造价管理

工程项目施工是造价管理的核心因素，这方面造价管理工作主要体现在如下方面：①人工费用控制。在施工过程中，应当根据劳务管理形式，在确保施工质量、进度、安全目标实现基础上，通过绩效管理体系优化，提升施工人员积极性、主动性，通过施工效率提升达到良好的造价管理成效。②材料费用控制。根据合同签订要求，选择合适的材料供应商，采购质优价廉的材料。在现场管理方面，应当结合 BIM 技术与 FRID 技术，构建精细化管理体系，确保施工材料成本控制在最低水平。③机械费用控制。根据施工进度和技术应用特征，合理确定不同机械配置方式，通过自有机械采购和租赁相结合的方式，合理优化固定资产结构。在机械设备运维工作中，应当构建预防性管理体系，确保机械设备保持良好的运行状态，有效控制机械运行成本。④间接费用控制。根据各种费用产生的原因及对工程施工管理的影响，从整体造价控制要求出发，合理配置工作岗位，尽量降低间接费用水平。

（四）预结算中的造价管理

预结算贯穿工程项目施工的全部流程，在各个阶段都需要将工程设计预算进行分解，在有效提升预结算管理工作水平的基础上，确保造价管理措施在细节层面的落实。在施工组织过程中，造价管理部门应当依照施工量和施工图核算材料实际消耗量，签发限额任务书和领料单，通过施工材料编制计划与实际情况的对比，查找存在的偏差并判断是否需要进行工程变更。在需要进行工程变更时，项目管理层应当强化与业主单位的沟通，提出变更设计后工程合同价调整要求，确保双方利益得以有效保障。在施工完成后的造价控制中，施工企业造价部门需要审核结算费用合同、职工劳保保险等情况，复核工程结算相关证明资料，检查工程量的实际数据，复核全部工程结算费用的实际结算及计取。预结算中的造价管理，需要结合工程项目建设实际，选择合适的审核方法，针对审核中的问题系统分析造价管理存在的不足，减少由于管理措施应用不当对施工企业经济效益实现产生的影响。

四、施工企业工程造价控制体系优化路径

（一）构建全过程造价管理体系

对于施工企业而言，造价管理受自身管理水平和建设方合作要求等多方面因素影响，在多数建设管理单位构建全过程造价管理体系的背景下，施工企业同样应当适应形式发展要求，构建与之相匹配的全过程造价管理体系。施工企业全过程造价管理体系是从招投标阶段开始的，在决策与设计阶段无需过多介入，因此，在实际管理推进过程中，应当以招投标、施工管理和决算三个阶段为重心，通过与建设单位造价管理体系相结合，充分彰显自身特色和需求。通过全过程造价管理体系构建，能够优化施工企业散乱式的造价管理方式，有效规避传统造价措施落实不到位、管理成效体现不足等问题，确保造价控制目标得以实现。全过程造价管理体系的高效运行，需要管理层面坚持实事求是原则，深入分析不同施工阶段存在的问题；坚持对应性原则，采用合理的技术手段，及时解决影响造价的关键性问题；坚持公平公正原则，有效解决造价管理中的争议问题。通过全过程造价管理体系的构建，提升各个施工岗位人员的成本控制意识，推动造价管理工作全面落实。

（二）树立精细化管理理念

施工单位造价管理涉及人力物力资源配置、材料采购、现场管理、技术应用等各个方面，需要各个部门、各个岗位工作人员强力配合。在施工造价管理工作开展中，全面贯彻精细化管理理念，需要明确如下要点：首先，对造价管理目标进行分解，将目标层次分解至各个环节、各个岗位，要求相关岗位工作人员能够有效执行造价管理制度要求，从根本上杜绝施工资源浪费现象；其次，明确造价管理目标的导向作用，优化施工管理流程和具体方式，确保造价管理措施全面落实，充分提升造价管理工作效率；再次，全面优化施工造价管理方法，结合新型技术及管理平台，创新造价管理具体方式，确保造价管理相关部门能够有效衔接，以此为整体造价控制奠定坚实基础；最后，通过有效的人才培养机制，提高施工人员的执行能力，确保精细化管理深度落实到位，推动造价管理全面、协调发展，全面提升造价管理水平，切实体现造价控制要求。精细化理念的全面覆盖，需要以全员参与为支撑，因此在具体实施过程中，还应当坚持以员工为导向，推动造价管理工作不断优化。

（三）强化造价管理人才队伍建设

在施工企业项目管理中，造价管理人才队伍建设是提升工作专业性、推动造价控制体系不断优化的基本保障。针对多数施工企业运营现状，专业人才队伍建设应当采用如下形式：首先，通过内部选拔和外部招聘相结合的方式强化人才队伍建设，内部人才选拔需要坚持以技术为导向，明确当前造价管理专业薄弱环节，通过人才结构优化弥补技术层面的不足，推动造价控制体系不断优化；其次，通过与专业造价管理机构合作的方式，有效解决造价管理人才不足的问题，这种方式较为适合于项目规模较大、类型复杂的施工工程，利用专业造价管理机构人员优势，及时、全面地开展造价管理工作，确保管理成效落实到位，为工程建设提供全面的造价控制依据；最后，通过聘请高级造价顾问的方式，有效弥补施工企业造价管理人才队伍方面的不足。这种方式较为适合于工程施工要求较高、类型较为特殊的项目，高级造价顾问根据造价管理要求灵活性开展具体工作，能够有效解决造价管理中的疑难问题，还能够有效控制造价管理自身成本。

（四）创新造价风险管理模式

施工企业工程造价管理工作的开展，需要与财务管理有效结合，构建基于风险控制导向的管理模式。对于造价部门而言，应当明确造价管理风险对项目运营效益的现实影响，明确造价控制的必要性和重要性。在具体管理工作开展中，可以结合建设方造价管理要求或施工企业现有造价信息化平台，构建以云造价管理平台为基础的造价管理体系，通过各个部门、各个岗位成本控制要求，强化协同效应发挥，实现造价管理数据的同步更新，由各个部门工作人员准确评估造价数据，借助造价管理数据库建设，构建动态化造价管理模式。通过云造价管理平台的应用，还能够实现数据积累沉淀，为后续同类施工项目造价管理工作开展提供参考。在施工组织过程中，还应当实现 BIM 技术与 FRID 技术的有效结合，实现对施工材料的数字化管理，利用材料追溯方式，与设计方案比对，避免出现材料浪费现象，有效提升造价管理的工作水平。在材料价格管理中，可以借助询价网站，动态化分析不同材料的价格变动情况。结合不同材料在施工中的重要性、价格变动幅度等，对材料进行分类管理，重点做好重要材料的采购和储备工作，确保对工程进度的有效控制，推动造价管理成效充分显现。

（五）优化造价管理组织体系

在项目施工管理体系中，造价管理作为重要的组成部分，必须以相应的组织体系构建为保障。组织体系建设应当从如下方面着手：首先，结合施工项目规模、造价管理具体要求，设立专门的造价管理部门，抽调高水平、高素质的造价管理人才，从技术层面入手，优化造价控制具体方式，提升造价管理整体水平；其次，由总经济师负责所有造价控制方案的措施制定和审核工作，重点做好造价管理中的关键问题，推动管理工作效率不断提升；再次，强化造价管理制度建设，施工项目建设从实际情况出发，针对性更新制度内容，在制度确立后，要求各个岗位人员严格依照制度要求参与建设，确保制度权威性；最后，构建完善的造价管理评价体系，将造价管理与项目财务风险控制有机结合，构建科学、合理的评价体系，明确造价管理主要影响因素，强化各个部门考核，提升造价人员积极性，为造价控制措施的落实奠定良好基础。

新时期背景下，施工企业市场竞争不断加剧，对企业管理层而言，必须强化对造价管理和成本控制的重视程度，明确造价管理工作开展的主要内容，构建全过程造价管理体系，树立精细化管理理念，强化造价管理人才队伍建设，创新造价风险管理模式，优化造价管理组织体系，以此才能够确保管理成效充分彰显，为提升项目建设经济效益奠定坚实基础。

参考文献

[1]赵媛静.建筑工程造价管理[M].重庆：重庆大学出版社，2020.

[2]孔德峰.建筑项目管理与工程造价[M].长春：吉林科学技术出版社，2020.

[3]关永冰，谷莹莹，方业博.工程造价管理[M].北京：北京理工大学出版社，2020.

[4]蔡明俐，李晋旭.工程造价管理与控制[M].武汉：华中科技大学出版社，2020.

[5]玉小冰，左恒忠.建筑工程造价控制：第2版[M].南京：南京大学出版社，2019.

[6]王忠诚，齐亚丽，邹继雪.工程造价控制与管理[M].北京：北京理工大学出版社，2019.

[7]汪和平，王付宇，李艳.工程造价管理[M].北京：机械工业出版社，2019.

[8]郭俊雄，韩玉麒.建设工程造价[M].成都：西南交通大学出版社，2019.

[9]苏海花，周文波，杨青.工程造价基础[M].沈阳：辽宁人民出版社，2019.

[10]索玉萍，李扬，王鹏.建筑工程管理与造价审计[M].长春：吉林科学技术出版社，2019.

[11]李琳，郭红雨，刘士洋.建筑管理与造价审计[M].长春：吉林科学技术出版社，2019.

[12]李苗苗，温秀红，张红.工程造价软件应用[M].北京：北京理工大学出版社，2019.

[13]陈林，费璇.建筑工程计量与计价[M].南京：东南大学出版社，2019.

[14]王新武，孙犁，李凤霞.建筑工程概论[M].武汉：武汉理工大学出版社，2019.

[15]卢驰，白群星，罗昌杰.建筑工程招标与合同管理[M].北京：中国建材工业出版社，2019.

[16]郭阳明，肖启艳，郭生南.建筑工程计量与计价[M].北京：北京理工大学出版社，2019.

[17]陈淑珍，王妙灵，张玲玲.BIM建筑工程计量与计价实训[M].重庆：重庆大学出版社，2019.

[18]李华东，王艳梅，张璐.工程造价控制[M].成都：西南交通大学出版社，2018.

[19]申玲，戚建明，周静.工程造价计价：第5版[M].北京：知识产权出版社，2018.

[20]郭红侠，赵春红.建设工程造价概论[M].北京：北京理工大学出版社，2018.

[21]李伙穆，李栋，林沙珊.建筑工程计量与计价[M].厦门：厦门大学出版社，2018.

[22]陈雨，陈世辉.工程建设项目全过程造价控制研究[M].北京：北京理工大学出版社，2018.

[23]王占锋.建筑工程计量与计价[M].北京：北京理工大学出版社，2018.

[24]尤朝阳.建筑安装工程造价[M].南京：东南大学出版社，2018.

[25]任彦华，董自才.工程造价管理[M].成都：西南交通大学出版社，2017.

[26]唐明怡，石志锋.建筑工程造价[M].北京：北京理工大学出版社，2017.

[27]程鸿群，姬晓辉，陆菊春.工程造价管理[M].武汉：武汉大学出版社，2017.

[28]陈建国.工程计量与造价管理第4版[M].上海：同济大学出版社，2017.

[29]赫桂梅.建筑工程估价[M].南京：东南大学出版社，2017.

[30]赵三清，汪楠.建筑工程概预算[M].南京：东南大学出版社，2017.